"幼儿园音乐教育"教师指导系列丛书

2015年浙江省教育科学规划研究课题成果

音乐欣赏教育活动

王秀萍　严　　　　

苏州大学出版社
Soochow University Press

图书在版编目(CIP)数据

音乐欣赏教育活动 / 王秀萍,严啸编著 . -- 苏州:苏州大学出版社,2015.6
(幼儿园音乐教育教师指导系列丛书)
ISBN 978-7-5672-1296-1

Ⅰ. ①音… Ⅱ. ①王… ②严… Ⅲ. ①音乐课—学前教育—教学参考资料 Ⅳ. ① G613.5

中国版本图书馆 CIP 数据核字(2015)第 076327 号

书　　名:	音乐欣赏教育活动
编 著 者:	王秀萍　严　啸
责任编辑:	王　琨　洪少华
装帧设计:	吴　钰
出 版 人:	张建初
出版发行:	苏州大学出版社(Soochow University Press)
社　　址:	苏州市十梓街1号　邮编:215006
印　　刷:	苏州工业园区美柯乐制版印务有限责任公司
邮购热线:	0512-67480030
销售热线:	0512-65225020
开　　本:	787mm×1092mm　1/16　印张:11.25　字数:225千
版　　次:	2015年6月第1版
印　　次:	2015年6月第1次印刷
书　　号:	ISBN 978-7-5672-1296-1
定　　价:	34.00元(附CD)

凡购本社图书发现印装错误,请与本社联系调换。
服务热线:0512-65225020

目 录

第一部分 导 言 ·· 1
  一、音乐作品的幼儿化转换原理 ······························· 1
  二、教学过程由生活经验走向音乐经验的经验组织原理 ··········· 5
  三、遵循由感受到表现的艺术心理过程的教学环节组织原理 ······· 7
  四、"探究、操作、游戏"是幼儿学习方式的教学原则 ············ 11
  五、在互动中实现幼儿主动学习的教学原则 ···················· 12

第二部分 幼儿园欣赏教育活动的设计与组织 ···················· 15
  一、欣赏教育活动的设计 ···································· 15
  二、欣赏教育活动的组织 ···································· 25

第三部分 幼儿园欣赏教育活动设计实例 ························ 29
  一、小班欣赏教育活动设计实例 ······························ 29
    活动一　寻宝藏 ·· 29
    活动二　打蚊子 ·· 32
    活动三　孙悟空救人 ···································· 34
    活动四　旋转木马 ······································ 38
    活动五　毛毛虫与蝴蝶 ·································· 42
    活动六　小老鼠与老猫 ·································· 46
    活动七　狗熊与面包 ···································· 49
    活动八　鸡与狐狸 ······································ 51
    活动九　小兔和狐狸 ···································· 54
    活动十　吹泡泡 ·· 57
  二、中班欣赏教育活动设计实例 ······························ 60
    活动一　水族馆 ·· 60

活动二　小精灵的魔法汤 ································ 64
　　活动三　魔术师圆舞曲 ···································· 68
　　活动四　农夫与禾苗 ······································ 71
　　活动五　小兔子与大灰狼 ·································· 75
　　活动六　钟表魔法城 ······································ 79
　　活动七　赶花会 ·· 82
　　活动八　打地鼠 ·· 87
　　活动九　小象与蚊子 ······································ 92
　　活动十　打扫扭扭 ·· 96
　　活动十一　三只小猪 ····································· 100
　　活动十二　巡逻兵 ······································· 103

三、大班欣赏教育活动设计实例 ······························· 106
　　活动一　和尚与老鼠 ····································· 106
　　活动二　吃苦头的狐狸 ··································· 110
　　活动三　鞋子的舞蹈 ····································· 115
　　活动四　打字机 ··· 119
　　活动五　按摩师 ··· 121
　　活动六　魔仙的指法 ····································· 126
　　活动七　狐狸与小鸡 ····································· 135
　　活动八　敲敲乐 ··· 139
　　活动九　未出壳小鸡的舞蹈 ······························· 147
　　活动十　狮王进行曲 ····································· 150
　　活动十一　鹬蚌相争 ····································· 154
　　活动十二　赛　马 ······································· 158
　　活动十三　小猴坐沙发 ··································· 164
　　活动十四　金蛇狂舞 ····································· 166
　　活动十五　真假美猴王 ··································· 171

附　录
　　CD目录 ·· 175

第一部分 导　　言

在"幼儿园音乐教育"教师指导系列丛书中的所有教育活动方案都是在教育教学原理或原则指导下进行设计与实施的，了解这些教育教学原理或原则有助于更好地理解与实施丛书中的音乐教育活动方案。与本丛书直接相关的教育教学原理或原则为：

1. 音乐作品的幼儿化转换原理。
2. 教学过程由生活经验走向音乐经验的经验组织原理。
3. 遵循由感受到表现的艺术心理过程的教学环节组织原理。
4. "探究、操作、游戏"是幼儿学习方式的教学原则。
5. 在互动中实现幼儿主动学习的教学原则。

一、音乐作品的幼儿化转换原理

音乐作品中包含了我们要给孩子的音乐知识，但是，用听觉接收的音响性的音乐作品不在幼儿的生活经验范围内，不被幼儿接受，教师需要把这种听的音乐转换成为幼儿能看的音乐。

$$听的音乐 \xrightarrow{转换} 看的音乐$$

（一）音乐作品幼儿化转换的思路

1. 为抽象的音乐符号寻找具象的参照物。

艺术符号的抽象程度是由其参照特性决定的，参照性越强的艺术符号越容易被理解。所有艺术符号种类中，音乐最抽象，因为通过音响所呈现的音乐符号很难在现实世界中找到参照物。一岁左右的儿童开始熟练地说出大量的名词，这些名词对他们来说一点也不抽象，因为有鲜活的参照物，即名词所表达的意义都是日常生活中的物、人、事。对一岁左右的儿童而言，小狗、小猫、娃娃这些语言符号不是符号，而是真实的与他们玩耍的小狗、小猫、娃娃，孩子因为喜欢小狗、小猫、娃娃等这些参照物而学会了代表这些参照物的符号。同为绘画作品，写实主义作品最容易为人接受，而抽象画最令人头疼。例如，一张美女图这种写实作品，人们因为具有鉴别美女的生活经验而很容易看懂它。当人们接受这张美女图并愿意花时间欣赏时，就可以进入线、形、色彩、光线等美术符号的学习，学习过程变得容易、愉悦。抽象画直接进入美术符号，令普通人不喜欢的原因就在于缺少参照物这一中介。音乐比直接出现美术符号的抽象画还要抽象，幼儿很难直接喜欢。想让幼儿喜欢音乐就得让音乐具有参照物。所以，音乐作品幼儿化转换的第一条思路就是要为抽象的音乐符号寻找具象的参照物。

2. 音乐参照物的特性。

（1）音乐参照物的根本特性。

无论是语音符号还是写实画中的美术符号，它们与参照物之间的关系都是一一对应关系，例如 Xiao Gou，Xiao Mao，Xiao Bai Tu 这些语音符号对应的参照物是鲜活的小狗、小猫、小白兔，美女画、水果画对应的参照物是美女、水果。这种一一对应关系，导致符号与参照物之间具有确定性或唯一性关系。音乐作品中除出现明确的鸟叫声、雷鸣声等音效外，一般而言，音乐符号是没有明确参照物的，参照物是我们刻意挖掘出来的。音乐符号与参照物之间连确定性都没有，更别提唯一性了，对同一个音乐作品，不同的欣赏者可以挖掘出不同的参照物。另外，由于音乐是时间艺术，再短的音乐作品也有几十秒钟时间，音乐符号的时间流动性决定了它所具有的参照物不是静态的一个人或物，而是由多个人或物构成的事件。因此，音乐参照物的根本特性是事件性。

（2）事件性参照物的构成。

一个事件必然由人、物、情节等元素构成的，所以，音乐参照物的第一构成元素是具有人物角色或情节发展的故事。

音乐符号以音响的方式呈现的，它需要我们用耳朵去听。这要求与音乐符号同时出现的参照物形式是无声的，而有声的语言描述的故事只能在音乐音响之前或之后出现。而且，音乐符号的时间性是按句子、段落这些有序的组织手法有结构地展开的，这些结构的建立又以稳定的拍子为基石。符合留出耳朵听音乐的需要同时又具有时间绵延性的艺术符号也就是舞蹈了。在学前儿童音乐教育领域，我们称之为身体动作表演。所以，音乐参照物的第二构成元素是与音乐符号一样具有时间性的身体动作表演。

综上所述，音乐符号的事件性参照物由故事与身体动作构成的，故事的功能是交代音乐所表达的内容——事件，身体动作的功能是交代音乐符号最主要的形式元素——拍子与句段结构。

（二）音乐作品幼儿化转换的具体方式

音乐作品幼儿化转换的实质是给音乐作品找参照物，而参照物是由故事与身体动作两个基本元素构成的，最好的形式是用身体动作把故事"讲"出来。用身体动作把故事"讲"出来，势必涉及语言、视觉、运动觉等符号，因为故事得先用语言符号讲出来，在用语言符号讲故事时得用直观教具图片、视频等视觉符号辅助，最后在音乐中用身体动作把故事表演下来。这样一个语言、视觉、运动觉三符号都参与的转换方式，是我们追求的。但是，在实际操作过程中，针对每一个音乐作品，并不是所有语言、视觉、运动觉三种符号都能用上的，只是出现其中一种或两种转换符号也是正常的。

（三）音乐作品幼儿化转换的原则

目前，幼儿园所用的音乐作品与小学、中学没什么大的区别，绝大多数都是成人作品。真正为幼儿"订制"的器乐作品很少，优秀的幼儿歌曲也不多。如果把幼儿音乐作品以作曲家专门以幼儿为对象而创作的音乐作品来界定，那么幼儿园音乐教育因极度缺少教育资源而早已终结了。

什么是幼儿音乐作品？幼儿音乐作品是幼儿化转换成功的音乐作品。所以，音乐作品的转换原则是指向转换对象幼儿的。幼儿在音乐学习中的趣味、爱好是什么？幼儿在接触音乐作品时他们的口味指向哪里？这些问题的答案就是我们为幼儿进行音乐作品转换的原则。由于幼儿的音乐学习兴趣是指向故事与身体动作的，所以，音乐作品的转换原则是指向故事性、动作性以及两者的关系。

1. 故事转换不能独立存在。

按审美学说的形式主义流派说法，音乐是绝对没有内容性的，音乐的内容即形式。按照这种理论学说，除了有音乐天赋的孩子外，普通的孩子就与音乐无缘了。因为只让孩子接触纯形式的音乐作品，或者在让孩子接触音乐作品时不做一些内容性的挖掘，那么孩子们一定会远离音乐活动，远离音乐教师。他们当然还不能够用理由充足的语言来表达他们的不喜欢与抗议,但他们一定会用成人所没有的武器——没有克制力的行为来抗议。不在他们兴趣与能力范围内的任何教学活动,他们会用不理你直接走人或疯狂地吵闹等本能手段来回应你。孩子是有"思想"、有"主见"的。

所以,"音乐即形式"的主张在孩子们面前失去光辉。为了迎合孩子的口味,我们不仅需要寻找有内容性的音乐作品,而且还要让没有内容性的音乐作品变出内容性来。音乐作品中最受幼儿欢迎的内容是故事,如果一个音乐作品"讲"的是一个幼儿生活经验范围内的故事,那么这个音乐作品就"神"了,它是最高级别的音乐作品。对幼儿来说,好音乐作品的标准绝对不是贝多芬、莫扎特,而是有故事、好玩。问题在于不是所有的音乐作品都能挖掘出故事内容的,如果没有故事我们也能退而求其次,寻找音乐作品中的角色形象,例如《野蜂飞舞》抓住蜂的形象,《雏鸡的舞蹈》抓住小鸡的形象,《七步进阶曲》创设一个蚊子的形象,等等。多数音乐作品的内容性是靠我们去挖掘、创设的。

音乐作品幼儿化转换离不开内容或故事,但故事性转换是有规限的,即故事、角色形象等内容的创设是为身体动作的表演服务的。在音乐作品的转换过程中,故事性不能独立存在,它是依附于动作性的。

2. 动作性转换即音乐标准。

对孩子来说,音乐即运动。运动既可以成为音乐作品的参照,也是音乐作品与参照之间的纽带。音乐作品的内容性参照缺乏与音乐作品的直接对应性,而动作性则具备与音乐对接的得天独厚的条件。当幼儿的身体运动与音乐吻合程度加强时,身体运动的音乐性也就被相应地彰显。

音乐作品动作性转换的规限条件是音乐性,指身体给出的所有动作与音乐作品的节拍、节奏型、句子、段落、速度、力度、风格等因素相一致。动作性因其带着音乐性或具有音乐标准,所以在音乐作品的转换过程中可以脱离内容性而独立存在。

3. 音乐作品幼儿化转换形式越丰富幼儿越喜欢。

就故事与动作两种转换形式而言,缺少故事只有动作的转换对幼儿的吸引力不大,缺少动作只有故事的转换因为没有音乐标准而无效。从故事性与动作性的丰富程度而言,情境氛围浓厚、故事情节有趣、道具图片丰富、图谱与动作齐发,这些手段都能极大地激发幼儿的音乐学习兴趣。但是,这些媒介的使用是有规限的:这些媒介的符号都必须准确地翻译着音乐符号。

4. 音乐作品幼儿化转换最后停留在动作上。

假如一个音乐作品的转换既有故事又有身体动作表演，那么故事只是导出层面的转换，最终要幼儿掌握的是在音乐中用身体动作表演这个故事。假如一个音乐作品的转换是用图谱方式，那么不能呈现图谱以后就算一个作品的转换工作结束了，必须由图谱再走向动作。可以让幼儿在音乐中徒手画图谱，这也是一种合乐做动作的方式；还可以让幼儿根据图谱演奏打击乐器（打击乐演奏是一种带器械的动作）。对一个音乐作品的转换而言，虽然说是转换形式越丰富效果越好，但是这是有条件的，即转换方式都是适宜、准确的；当转换方式不适宜、不准确时，结果会走向反面。

二、教学过程由生活经验走向音乐经验的经验组织原理

音乐经验不是"不食人间烟火"的一种神秘的东西，它来自生活经验，是对生活经验的提炼。对幼儿来说，音乐活动的过程就是从生活经验走向音乐经验的过程。

（一）幼儿的核心音乐经验

音乐经验是指对节拍、节奏、音色、速度、力度、旋律、结构、风格等音乐要素做出操作性的反应。核心音乐经验是指在音乐发展过程中必须获得的经验，这些经验在音乐经验系统或结构中起节点和支撑作用，有利于所有音乐经验的建构、迁移以及对音乐知识的深层理解。

幼儿的核心音乐经验可以分为两类三项：

节奏 ⟨ 1. 合拍做动作
         2. 合音乐结构做动作

旋律 ⟶ 3. 有旋律轮廓线地歌唱

幼儿的核心音乐经验主要有节奏经验与旋律经验两类。节奏经验包含两项：合拍做动作、合音乐结构做动作；旋律经验包含一项：有旋律轮廓线地歌唱。

1. 合拍做动作。

合拍能力是音乐能力的基石。合拍的要旨不只是有拍子，而是拍子一如既往地稳定。如果一首歌曲由16拍构成，合拍做动作不是指做了16下动作，而是指这16下动作自始至终能稳定发出。

在教学过程中，引导幼儿合拍不是靠语言指令，而是靠教师准确的示范。单独通过语言很难让幼儿理解合拍，幼儿感受与掌握合拍主要是在大量动作模仿活动中完成的，所以，教师在动作表演中的稳定拍感是幼儿获得拍感的必要条件。音乐感是陶冶出来的，就幼儿园集体音乐教学而言，教师准确示范是对音乐陶冶的最好注解。

2. 合音乐结构做动作。

理解音乐结构是理解音乐的途径。当明白音乐作品由几段构成，每段又由几句构成时，无论是听赏还是表演这一音乐作品都会觉得很轻松、享受。当清楚音乐结构时，幼儿合拍做动作就有了更深入的形象与内容表现。幼儿对音乐形象的捕捉往往比较单一，问题就在于对句子、段落的变化不敏感，往往把注意力只集中于合拍地做一种动作上。例如，欣赏《水族馆》时，孩子们会表现出极大的音乐形象创作激情，认为是水母在游动，小鱼儿尾巴在打转等。但是，孩子们一旦认定一种形象如水母，就会从头到尾沉浸于水母一种形象的合拍动作中，不能顾及随着音乐段落的变化音乐形象也在变化等音乐结构的变化特征。所以，合音乐结构做动作是对合拍做动作这一关键音乐经验的推进，旨在在合拍基础上表现出合句子、合段落等更丰富、细腻的音乐特征，真正达到合音乐表现的目标。

3. 有旋律轮廓线地歌唱。

旋律经验通俗地说就是准确歌唱的能力，能准确歌唱就是建立了音准概念。测查一个人是否建立了音准概念，可以采用以下四个步骤：

步骤一，耳朵辨认出音的高低。

步骤二，能准确模唱。

步骤三，唱准音程。

步骤四，能移调歌唱音阶。

这四个测查步骤也就是音准概念建立的四个标识，任何人建立音准概念都会经历这四个标识性的阶段。

就对某高校学前教育本科毕业生的测查结果来看，每届本科毕业生音准概念建立人数在5%—10%之间。音乐感是靠熏陶出来的，教师拥有某种音乐经验幼儿才有可能有，教师没有幼儿肯定没有。我国幼儿园教师普遍不具有音准概念，在这种现实条件下，把"准确歌唱"作为我国幼儿的关键音乐经验是毫无意义的。所以，我们把旋律关键经验定位于"有旋律轮廓线地歌唱"。

"有旋律轮廓线地歌唱"指达到音准概念建立四步骤中的前两个步骤，这时，已经意识到音是有高低的，也能用听觉意识到音的空间位置，但还不能通过自己的嗓音准确地表达出音的空间位置。就幼儿来说，幼儿已经能够唱出歌曲句子中旋律轮廓线的高低走向，但仔细倾听他们所唱之音还不能达到准确的要求。

（二）由生活经验走向音乐经验的教学推进过程

幼儿园音乐教育活动的过程是一个由生活经验走向音乐经验的过程。

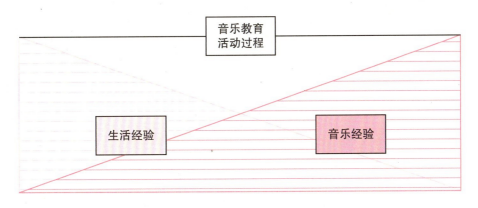

上图表示：一个音乐作品的教学活动的开始完全处于幼儿生活经验的范围内，随着教学活动过程的推进，生活经验逐渐减少而音乐经验逐渐渗透，当一个音乐作品的教学进入尾声时，音乐经验占据主要地位。音乐是幼儿进行表达的一种重要工具，音乐教育活动的过程，是幼儿对音乐内容的表达由语言表达到动作表达再到合乐表达的过程，而合乐表达就是音乐经验的获得。

三、遵循由感受到表现的艺术心理过程的教学环节组织原理

幼儿园音乐教育活动的环节推进遵循"感受—表现"的艺术心理过程，所以，音乐教育活动的大环节就是由感受与表现两个环节构成的。艺术感受作为一种心理活动，它是人通过感官感触、感知、接受艺术事件并产生艺术表象的一系列心理活动。就方向而言，艺术感受是由外向内的心理过程；就本质而言，艺术感受以情感为核心。艺术表现作为一种心理活动，它是基于艺术感受的，是把对外部世界的感受通过自身的独特方式表达出来的。就方向而言，艺术表现是由里向外的心理过程；就本质而言，艺术表现的核心是目的性，所有的艺术表现都要受艺术标准制约，没有艺术标准指向性的表现就不能称为艺术表现。

幼儿音乐学习的过程是由生活经验提炼至音乐经验的过程。所以，就幼儿而言，

感受环节本身需要分为音乐内容与音乐形式两个小环节。音乐内容感受环节即把音乐作品处理成落入幼儿生活经验范围内的内容，无论是歌曲还是器乐曲，所有音乐作品都需要进行幼儿化转换，而转换的结果之一就是使音乐作品有幼儿能看懂、听懂的内容情境。音乐形式感受环节则是音乐作品的音响出现的环节，是把第一小环节中让幼儿感受的音乐内容形象与音乐形式进行顺理成章匹配的过程。对幼儿来说，学习音乐的过程就是身体运动的过程，幼儿的音乐学习离不开身体动作。所以，幼儿园音乐教学中的表现环节也呈现出幼儿的年龄特征性，表现环节又由节奏表现与其他表现两个小环节构成。无论是歌曲还是器乐曲，无论是演唱还是打击乐演奏，幼儿的音乐表现往往呈现出由节奏表现向旋律表现推进、由模仿性表现向创造性表现推进、由身体动作表现向演奏表现推进的趋势。

综上所述，幼儿园音乐教学活动中完成一个音乐作品，一般由感受与表现两个大环节构成，感受环节又由音乐内容感受与音乐形式感受两个小环节构成，而表现环节也包含节奏表现与其他表现两个层次。具体如下图所示：

幼儿园音乐教育活动的基本环节：

感受 ⎰ 音乐内容感受
　　 ⎱ 音乐形式感受（抓住关键音乐经验）

表现 ⎰ 节奏表现（抓住关键节奏经验）
　　 ⎱ 其他表现（嗓音表现、即兴动作表现、打击乐表现）

（一）感　受

感受环节按前后顺序经历两个阶段：音乐内容感受阶段与音乐形式感受阶段。

1. 音乐内容感受阶段。

音乐内容感受阶段，教师给出一个音乐作品的故事性情境或角色或情节等生活经验层面的内容，这是幼儿进入音乐形式感受的前提。没有音乐作品的内容导引，幼儿很难真正进入一个音乐作品学习活动中。

2. 音乐形式感受阶段。

想在幼儿园音乐教学过程中让幼儿获得音乐经验，那么音乐形式感受阶段是教学的核心部分，它是音乐知识的内核所在。每一音乐作品都由音乐八大元素构成，同时每一音乐作品往往会在几个音乐元素上突显其特点，突显每一音乐作品特殊性的这几个音乐元素就是教师特别需要幼儿感受到的音乐特征。如果某一音乐作品并没有能突显出来音乐元素特征，那么就抓合拍做动作、合音乐结构做动作这两个关键节奏经验。事实上，关键节奏经验在任何一个音乐活动中都是教师要抓的核心经验。

对每一音乐作品音乐特征的感受，主要使用教师的身体动作表演、图谱等媒介。教师的准确示范在这里至关重要，在集体教学情境下，音乐艺术需要熏陶的全部含义也集中在教师的准确示范上。

在音乐特征感受阶段，最突出的一个特点是操作与探究，即在音乐特征的感觉、知觉、表象等全部的心理阶段，幼儿主要是在主动的身体动作探究与表演中进行的。在这一阶段，幼儿会表现出丰富的身体动作表达能力（动作表达并非音乐表现），但是，幼儿本能层面上用身体动作表达出来的音乐形象往往是不合音乐的，教师的指导作用主要体现在把这些本能动作推向合拍、合音乐结构的轨道上。

（二）表 现

表现环节一般经历两个阶段：节奏表现阶段与其他表现阶段。

1. 节奏表现阶段。

音乐表现是一种意向性活动，即是一种有目的指向的表达。就幼儿园音乐教学中的幼儿音乐表现而言，它是一种意向性的表演活动，即以身体动作、歌唱、打击乐演奏为表演方式，以音乐元素指标与音乐元素所表现的情绪情感特征为表演目的指向的一种活动。当幼儿能完整、主动地随音乐做动作时，这时就由感受阶段走向了表现阶段。幼儿对音乐的理解与表演往往依赖身体动作，所以，即使是最终走向歌唱的歌曲，幼儿也需要先用身体动作表现这一歌曲，然后再走向歌唱。

如果一个音乐作品中比较有特点的音乐元素较多，这些特征又是幼儿已有经验中没有的，那么就这一音乐作品而言，幼儿需要经历模仿性表现阶段，需要把感受到的音乐元素特征用表演的方式表现出来。音乐元素特征感受阶段与模仿性表现阶段都是处于表演或操作状态的，但两者是有区别的。它们的区别在于：第一，表现阶段的表演是一个作品或一个大段落的完整表演；而感受阶段的表演往往是分句或小段落的表演。第二，表现阶段的表演是幼儿依赖自己头脑中的表象完成的表演，即主动表演；而感受阶段的表演则是在教师或他人示范的情境下进行的，表演是在榜样的带动下展开的。

2. 其他表现阶段。

（1）演唱（嗓音表现）阶段。

如果是一个歌唱作品，当合乐的身体动作表演完成后，就进入嗓音表现阶段。这一阶段往往是歌唱教学活动的第二课时，其关注的关键音乐经验是有旋律轮廓线地歌唱。这一阶段会有一些音的高低、嗓音如何表达情感等教学内容，是真正意义上让幼儿关注音乐形式本身的一个教学时间段。对没有建立音准概念的教师，我们不鼓励进入这一阶段的教学。

（2）演奏（打击乐表现）阶段。

如果是一个打击乐演奏作品，当合乐的身体动作表演完成后，便进入打击乐表现阶段。这一阶段往往是打击乐教学活动的第二课时，是把身体动作对音乐的表达迁移到演奏打击乐这一表演形式中。这一阶段教学的主旨是通过探究，让幼儿自己寻找：①每种打击乐器与音乐形象的匹配；②原有的身体动作表演与每种打击乐器的节奏型的匹配。

（3）动作即兴（创造性表现）阶段。

在幼儿具有一定的模仿性表现经验积累，或者音乐作品的音乐元素特征比较单一、形象时，幼儿很容易进入即兴表现（创造性表现）阶段。

即兴表现可以分为三种：第一种，已经经历模仿性表现，然后改变表演方式重新表现。例如，针对一个音乐作品，幼儿已经能够进行身体动作的模仿性表现，这时，教师请幼儿根据身体动作感受到与表现出的音乐元素特征，用打击乐演奏的方式表演出来。第二种，已经经历身体动作的模仿性表现，然后，重给一个音乐作品的内容情境，根据新的内容情境创编新的身体表演动作。第三种，直接给幼儿一个音乐作品，教师对音乐作品的音乐元素特征只是使用言语或图片媒介进行提醒，请幼儿完成符合音乐元素特征的表演。

集体课堂情境的幼儿园音乐教学比较适宜以音乐作品为单位展开教学活动，以上的两环节四阶段也是指一个音乐作品的学习过程，这个过程可以是一个课时、三个课时，通常是两个课时。每个音乐作品的教学一定会让幼儿经历感受与表现两个大环节，但不是非完成全部四个阶段不可的，有的作品只走前面三个阶段，有的作品会跳过节奏表现直接进入其他表现。总之，两个大环节是不可避免的，而具体的阶段会根据作品的特性而做出一定的调整。

四、"探究、操作、游戏"是幼儿学习方式的教学原则

经验的幼儿园音乐教学是追求结果的,它的结果就是关键音乐经验。希望通过音乐教学收获到幼儿合乐表演、有旋律轮廓线地演唱这些音乐经验。但同时,经验的幼儿园音乐教学更追求过程,既然强调经验,是让幼儿获得经验,那一定是具有"儿童中心"倾向的。强调音乐教学的过程就是幼儿探究、操作、游戏的过程,强调教学即活动。

(一)探 究

探究是围绕"问题"展开的,这种"问题"用英语表达是"problem",不是"question"。只是让幼儿回答一个"question"不是探究,教师设置情境、提出问题,引导幼儿去完成一个"problem",这就成为探究。

歌唱教学中,教师通过提问、启发等方式,引导幼儿把所有歌词内容都用自己的动作表达出来,这个过程就是"探究",我们称之为歌唱教学中的动作探究。在歌唱教学的第二课时,有的歌曲适合歌词创编,这种重新为歌曲配上歌词的过程,就是歌唱教学中的歌词探究。这种在教学中足够形成一个"问题"(problem)从而引发幼儿探究的教学内容,我们称之为"探究空间"。换言之,幼儿园音乐教学中的"探究空间"就是指教学中能够引发探究的这个"问题"(problem)。当教师引导幼儿探究时,应该先考量清楚你让幼儿探究的问题是什么、怎么才算解决了问题。

欣赏教学的探究空间包括:第一,当音乐内容形象出现后,请幼儿用动作把这些音乐内容形象地表达出来;第二,用动作表现简单的音乐形象时,请幼儿通过丰富身体动作的表现力来丰富音乐形象;第三,当幼儿已经掌握了一种音乐形象的身体动作表现方式后,请幼儿用身体动作创编出另一种音乐形象。

打击乐教学的探究空间包括:第一,根据身体动作所表达的音乐形象,为这些音乐形象匹配合适的打击乐器;第二,根据身体动作所表达的音乐形象,为这些音乐形象匹配合适的演奏节奏型。

集体舞与音乐游戏的探究空间包括:第一,某一段音乐的完全的动作即兴;第二,某一段音乐的动作替代。

在幼儿园音乐教学中,幼儿的探究活动基本上是非音乐的、幼儿生活经验层面的,集中于动作与语言的探究。在这些探究活动过程中,如果教师缺乏把动作、语言经验提升至音乐经验的关键性引导与推动,探究就会落入低经验重复。

（二）操 作（表演）

音乐与操作（表演）的关系完全是同一的，没有操作就没有音乐学习，没有操作就没有音乐经验。这就是为什么韵律活动在幼儿园音乐教学内容板块中不再单独出现，它的消失不是因为它不重要，而是因为它太重要，重要到无所不在，重要到音乐活动即韵律活动。我们把幼儿园音乐教学内容板块分为歌唱、欣赏、打击乐、集体舞、音乐游戏五类，这五类都属于韵律活动范畴，即都是通过身体动作的操作（表演）来进行音乐学习的。

无论是感受还是表现阶段，幼儿的音乐学习离不开身体动作操作，（表演）音乐学习往往是由身体动作操作走向演唱与演奏的过程。但是，如何通过互动的方式，使幼儿的操作变得具有思维性、主动性，而不是被动接受，这是教师在幼儿园音乐教学的操作过程中随时需要思考的问题。

（三）游 戏

这里的游戏是指在音乐活动过程中加入传统、生活游戏，使得音乐学习具有游戏味。这种游戏可能加在内容感受环节，也可能加在音乐感受与表现环节，形式与内容不拘。游戏的加入，使得音乐教学内容的玩性得到提升，幼儿的学习主动性也就得到发挥。

就活动设计层面来说，游戏的加入有时会出现牵强现象，有为加游戏而加游戏之嫌，游戏方式与音乐教学内容之间缺少契合匹配度；就教学过程层面来说，所加入的游戏有时教师会采用死教游戏动作与规则的教学方式，游戏所具有的玩性功能消失，加剧了死教的程度。

五、在互动中实现幼儿主动学习的教学原则

在幼儿园集体音乐课堂，高质量的师幼、幼幼互动几乎可以与幼儿主动学习画等号。幼儿主动学习是由高质量的师幼、幼幼互动孵出来的，互动越少，死教越猖獗，离幼儿主动学习越远。

师幼、幼幼互动有数量，是指在一个音乐教学活动中，教师有意识地使用促进幼儿主动学习的一些互动契机，包括：①抛任务之时，教师的提问与追问契机；②幼儿接任务之时，教师引导幼儿展开任务难度讨论与分析的契机；③任务完成后，教师引导幼儿同伴评价与反思的契机。每个集体音乐教学活动都由几个教学任务构

成，每个教学任务抛出与完成过程都包含三个互动机会，这些互动机会教师到底能利用几次？这是一个量的指标。就互动而言，数量也是非常重要的，一个没有互动的集体音乐活动，很难出现幼儿的主动学习。当然，只是追求互动的数量是远远不够的。高质的师幼、幼幼互动，是指教师对互动策略的娴熟运用，核心是自如抛问题给孩子、自如接孩子抛过来的问题、作为二传手自如传递与提升孩子之间的问题，从而达到启动与提升孩子思维的目标。幼儿的学习方式主要是探究、操作、游戏等，而真正实现这些利于幼儿获得经验的学习方式的途径就是互动，没有互动的探究很容易落入假探究，没有互动的操作与游戏很容易演化为死教动作、死教游戏规则的状况，所以，常态的音乐教学过程是一个师幼、幼幼互动的过程。不过，始终能触动、提升幼儿思维的高质量互动是教师教学专业性的最高体现，它属于情境知识，依赖教师的实践智慧。

第二部分 幼儿园欣赏教育活动的设计与组织

一、欣赏教育活动的设计

欣赏教育活动的设计是依据欣赏的经验,选择音乐作品、处理音乐作品、选择教学方式,对幼儿施加教育影响的方案,也是影响欣赏教育活动的主要因素,如欣赏教育活动目标、教育内容、教育方法、教师与幼儿以及环境媒介等进行合理而系统的编制和处理的过程。

(一)活动材料的设计

欣赏教育活动的材料包括音乐作品、动作、视觉媒介等。活动材料设计的本质是对音乐作品进行幼儿化表征,是音乐学科知识的幼儿化转换,是音乐教学专业性的重要体现。欣赏教育活动的材料设计包括四个方面内容:音乐作品选择、音乐内容形象挖掘、音乐动作设计原则、视觉媒介设计。

1.音乐作品的选择。

(1)音乐作品的长短与性质。

用于幼儿园音乐欣赏集体教育活动的音乐作品的时间长度一般控制在1—3分钟,超过3分钟的音乐在集中幼儿注意力方面有难度。事实上,幼儿园的音乐欣赏作品时长在2分钟内是最常见的,效果也是最好的。受时长限制,幼儿园音乐欣赏作品的曲式以一段体、二段体、三段体为主;如果是回旋曲,除非段落非常短小,否则就需经过剪裁;如果是五段体、六段体,除非段落非常短小,否则也会做些剪裁工作。

用于幼儿园音乐欣赏集体教育活动的音乐作品,其基调主要有欢快活泼与中速行进这两种。也就是说,如果是二段体与三段体,音乐作品的主段往往是欢快活泼或中速行进，而对比段则会出现抒情或激烈紧张的情绪；如果是一段体，就直接选择欢快活泼或中速行进的音乐作品。

（2）音乐作品的来源。

用于幼儿园音乐欣赏的音乐作品主要来源于西方经典音乐作品与中国音乐，另外，还有来自各国的民间音乐、动画片音乐等，但数量都不多。西方经典音乐作品中，直接类属于儿童音乐经典作品的就是《动物狂欢节》组曲、《图画展览会》组曲及《彼得与狼》，其余作品都是来自为成人创作的大大小小、各种体裁的音乐，来自成人音乐的曲目除音乐小品外，要么截取一段，要么经过裁剪等处理。中国音乐都是来自成人作品，有来自传统经典的作品，也有近代、现代、当代创作的作品。

（3）音乐作品的剪裁。

幼儿园音乐欣赏作品需要经过剪裁是常态，剪裁的类型有：第一，幼儿的欣赏作品受时长限制，截取成人作品中的一个片段是必须做的一个动作，这种剪裁算是常规性的。第二，把一个本来就短小的成人音乐作品再短小化，最常见的短小化就是剪掉重复段，如中国音乐《喜洋洋》，原曲A、B、A、B、A五段，删减成A、B、A，再把B段的重复删掉，使得音乐显得很简洁、精练。第三，把段落内部的过渡句、华彩句裁掉。这种裁剪有点破坏音乐效果，但是，音乐段落中的过渡句、华彩句往往句式不规整，速度有变化，节拍处理要求高，这些内容往往超越了幼儿的感受及理解能力，所以我们不得不"含泪斩马谡"。第四，受音乐内容形象化挖掘的需要，直接裁剪句子、颠倒前后，甚至不同音乐作品之间进行对接。这种属于大刀阔斧的裁剪动作，动机都是出自对幼儿的年龄特点、音乐学习特点的关照，效果取决于裁剪者对音乐的把握能力。

2. 音乐内容形象的幼儿化挖掘。

音乐"语言"是抽象的，即便是音乐作品中最"具体"的充满说明、描述的再现性（形象化）音乐作品，其音乐内容形象也不是唾手可得的。音乐内容形象需要我们多次倾听、理性分析才能捕捉到，这就是我们所说的音乐作品的内容形象是需要挖掘的原因。对幼儿园教师来说，挖掘出的音乐作品的内容形象必须是在幼儿生活经验范围内的，是为幼儿理解与熟悉的内容。

对音乐作品进行内容形象的幼儿化挖掘，一般需要做两件事或经历两个步骤：第一，分析音乐的句段结构，旨在捕捉到具体的内容形象；第二，用身体动作把内容形象表现出来，旨在确认与沉淀音乐内容形象。幼儿园音乐欣赏作品内容形象的幼儿化挖掘一般具有两种方式：第一，根据作品原意进行内容形象的幼儿化挖掘；第二，离开作品原意进行内容形象的幼儿化挖掘。

下面，我们以根据作品原意与离开作品原意两类挖掘方式为例，分别说明如何做以上两件事或两个步骤的推进，来挖掘音乐作品的内容形象。

（1）根据音乐作品原意进行幼儿化内容形象的挖掘。

在幼儿园音乐欣赏教育活动中，这类作品较少，主要集中在《动物狂欢节》《图画展览会》等这些儿童味较足的组曲范围内。这类曲子的音乐内容形象的线索来自音乐标题，像"水族馆"这个曲子，其标题已经给出了音乐内容形象的范围，我们的思维只要围绕着与水有关的动植物展开就行了。

这类曲子我们以《图画展览会》中"未出壳雏鸡的舞蹈"为例。

步骤一：画出此曲的句段结构图，明确音乐内容形象。

对音乐作品进行句段结构分析，势必要画出句段结构图，对照结构图反复揣摩与倾听音乐，音乐的内容形象才能逐渐在脑海中浮现。"未孵出雏鸡的舞蹈"为三段体，大写字母表示段落，小写字母表示乐句。以下为句段结构图：

```
     A           段尾          B              A'         尾声
 ‖: a b :‖ a'              a a' b c          a b a'
```

这个曲子就是描述没出壳之前小鸡的形象，所有的音乐都是围绕这个形象展开，所以，我们的任务也就是把小鸡形象具体化，即每一句音乐在进行时小鸡到底在干什么呢？边听音乐边根据音乐特征思考每一句中的小鸡形象。思考过程如下：

第一段a句的音响效果两音一组、一高一低，尖锐而突兀，有小鸡啄东西的感觉；b句则是由低到高音的连贯走向，有小鸡扭屁股的感觉。第二段a、b、c三句在力度与紧张度上明显具有一句比一句强烈的递进感，似乎是这样一个过程：小鸡先稍慢轮流地动翅膀，然后同时动两边的翅膀，最后用力并快速同时动两边的翅膀。第三段是第一段的重复。所以，此曲的主题内容可以这样描述：小鸡在壳里努力着想出壳，先用喙啄壳，再用屁股顶壳，然后用翅膀敲壳，再重复用喙啄壳、用屁股顶壳，最后根据尾声的音区下行特征，表明小鸡没有出壳，还得继续努力。

对音乐作品做出这样的句段分析后，内容形象往往比较清晰了。当然，对教师来说，音乐内容形象的最后确认与掌握还得通过表演来呈现，仅靠语言或思维是不够的。

步骤二：把音乐内容形象用动作诠释出来。

其实步骤一已经把动作的表达思路呈现出来了，步骤二旨在要求教师在流动的音乐中以拍子为基石、以句子为单位，把动作与音乐匹配地表演出来。因为步骤一属于理性分析阶段，还没有进入音乐感性，只有完成了步骤二，教师才是把理性分析与感性表演结合了起来。理性分析是感性表演的前提，当进入音乐课堂时理性进入隐性，呈现在幼儿面前的是教师的感性表演。

以下是"未孵出雏鸡的舞蹈"的动作说明：

A段a的动作：双手握拳，伸出食指放在嘴前表示是小鸡的喙。一拍一点头做啄壳动作。

A段b的动作：双手动作不变，二拍扭一次臀部，做拱壳动作。

A段a'的动作：与A段a的动作相同。

A段尾声：做垂头泄气状。

B段a、a'的动作：轮番压左右手肘，二拍一次。

B段b的动作：左右手肘同时压，二拍一次。

B段c的动作：左右手肘同时压，一拍一次。

A'段的动作：重复A段动作。

（2）离开音乐作品原意进行幼儿化内容形象的挖掘。

完全是为儿童而作的曲子太少，幼儿园音乐欣赏教学中的好多作品是教师从成人作品中挑选出来的。当为这类曲子进行内容形象的幼儿化挖掘时，就不可能完全按照作品原意走了，我们需要创造出全新的音乐内容形象。

这类曲子以我国民族器乐曲《喜洋洋》为例。

步骤一：画出此曲的句段结构图，明确音乐内容形象。

《喜洋洋》为五段体，原曲结构为A、B、A、B、A，为了符合幼儿注意力时间不宜过长的特点，我们把此曲简化为A、B、A。以下为句段结构图：

```
      A                ‖: B :‖              A'
  a  a'  b  c   过渡   a  b  c  d        a  a'  b  c
```

介绍再现音乐类型时我们提到过，这类曲子的内容形象并不是音乐本身具有的，它需要音乐教师以音乐风格为依据在幼儿能理解的生活情境中"寻找"。这种"寻找"是一种想象，具有创造意味。我们为此曲"寻找"的音乐内容形象是这样的：在粮食丰收后的一个晚上，农村男女青年喜气洋洋地敲锣打鼓、跳舞欢庆。有几个男青年敲起了鼓（第一段a、b两句），有几个男青年敲起了钹（第一段c句），有几个男青年敲起了吊镲（第一段d句）；然后所有的女青年拿着绸带跳起了绸带舞，先是把绸带往头顶甩（第二段a、b句），然后把绸带往身旁甩（第二段c、d句）；最后男青年又出来了（第三段重复第一段）。

步骤二：把音乐内容形象用动作诠释出来。

以下是《喜洋洋》的动作说明：

A段为男孩表演的动作。

A段a的动作：身体朝向左边左右手一拍一次轮流做敲鼓状。

A段a'的动作：身体朝向右边，动作与a同。

A段b的动作：一拍一次做敲钹状。

A段c的动作：一拍一次做敲吊镲状。

B段为女孩表演的动作。

过渡句：身体左右摇晃各一次。

B段a、b的动作：彩带抛向头顶，左右手轮流，四拍一次。

B段c、d的动作：彩带与腰齐左右平抛，左右手轮流，四拍一次。

A'段为男孩表演的动作重复A段。

在幼儿园音乐欣赏教学中，这类曲子的原名往往会被改掉，教师会根据挖掘出来的内容形象重新给这类曲子取名。如按照上面对《喜洋洋》内容形象的挖掘，这首曲子的标题被命名为《丰收的喜悦》。对这类音乐作品的内容挖掘，首先要做到把挖掘的内容融入幼儿的生活经验范围，做到内容是恰当与生动的；其次需要用极其简单的动作把挖掘的内容表达出来。当儿童味没有被挖掘出来之前，这类作品即使放在幼儿园教材中，也是僵死的音乐材料。但一旦挖掘出儿童味，它们便鲜活起来。我们可以这么说，其实我们不缺少音乐作品，缺少的是对音乐作品的儿童味的挖掘。

3.音乐欣赏作品幼儿化的动作设计要点。

音乐欣赏作品幼儿化的动作设计原则，这部分内容是对音乐形象内容幼儿化挖掘中动作设计的重要性的强调。针对音乐欣赏作品幼儿化的动作设计，以下几点需要特别关注：

（1）画出音乐句段结构图，把握音乐句段结构。

理解音乐是通过理解句段结构这个路径完成的。教师理解音乐结构的重要性就好比中小学生划分文章段落的重要性一样，对一篇学生没有能力快速划分段落的文章，让学生理解是比较困难的。被选为音乐教学内容的乐曲，教师首先得把乐曲的结构分析清楚，然后才有可能对其进行内容形象挖掘与动作诠释。如果教师不事先进行音乐结构分析，或者不能进行音乐结构分析，那么教师的动作诠释可能会走向盲目、不合理，甚至会出现背离音乐形象的现象。

（2）遵循重复、对比等音乐组织手法。

当音乐句段结构图出来后，音乐中段落与句子的重复也就一目了然，而理解重复是理解音乐的第一道坎。就音乐而言，重复是音乐结构识别中最重要的标示。当教师用动作诠释音乐时，如果段落与句子有重复，动作的设计也要重复。幼儿是通过动作来理解音乐的，教师把音乐标准投放到身体动作中，幼儿通过身体动作的表演体验领悟这些音乐标准。当你的音乐标准不一致时，如音乐重复而动作却不重复时，通过身体动作表演让幼儿理解音乐的功能就不复存在了。

与重复对应的是对比组织手法。三段体中的A、B段，回旋体中的A段与其他变化段一定会有对比效果，在进行动作时要抓住这些对比特征，使幼儿一看动作就知道音乐的风格变了。说到底，动作设计最怕出现该重复处不重复，该对比处却重复这种使音乐特征与动作相悖离的现象。

（3）动作与音乐的形式元素特征匹配。

音乐的形式元素有节奏、旋律、力度、速度、音色、结构、织体等。动作设计需要匹配旋律型、节奏型的变化特征，需要吻合快慢、轻重、厚薄等特征。例如，《动物狂欢节》中的"大鸟笼"这首曲子，旋律快速在高音处飘浮并不断地上扬。显然，这是一首高音区、上行旋律、快速的曲子，鉴于此，我们匹配的动作也需要具有上扬、飘浮、快速颤动等特征。又如《动物狂欢节》中"大象圆舞曲"这首曲子，以低音和声、缓慢进行为特征，所以我们的动作也要相应地以低矮、稍显呆板的形式来呈现。

（4）动作简单原则。

幼儿园教师比较喜欢使用繁复的动作，试图用难度较高的动作吸引幼儿的注意力。事实上，幼儿园音乐教学是以让幼儿理解音乐，使情感与思维都投入到音乐中去为目标的。在音乐活动的过程中，动作是激发幼儿本能需要、引导幼儿理解音乐的中介、手段，因此，动作越简单越好，以便让幼儿留有较多的心理能量去关注音乐本身，并积极投入到对音乐特征的主动表现中去。如果教师设计的动作成了幼儿音乐学习的负担，那么教师对音乐的动作诠释不但不能成为幼儿学习音乐的支架、幼儿理解音乐的桥梁，反而成了幼儿理解音乐的障碍，这就事与愿违了。

4. 视觉媒介设计。

在幼儿园音乐欣赏的教育活动中，视觉媒介设计主要包括视频、图片、图谱等设计，每种视频媒介在设计时都具有其特有的功能与设计难度。

第一，视频的选用与裁剪。

幼儿的思维是具体形象的。在幼儿园音乐欣赏教育活动中，教师为音乐欣赏作品挖掘的内容形象如果只是用语言的方式呈现，对幼儿来说往往是不够具体形象的，换言之，只用语言还不足以激活幼儿的思维，这时，教师就需要用直观的视觉媒介去激活幼儿的思维，把幼儿的思维带入与音乐作品相关的内容形象中去。视频当然是最直观的一种视频媒介。比如让小班幼儿欣赏《旋转木马》这首曲子，在呈现这首曲子的音响之前先让幼儿看一段公园里幼儿玩旋转木马的视频，于是曲子《旋转木马》的内容形象就一目了然，幼儿的思维自然地进入旋转木马这一内容中去，后面的音乐出现就显得自然、水到渠成。视频的功能是让幼儿理解与音乐作品相关的内容形象，教学内容只有被幼儿所理解，幼儿才能积极投入到学习活动中去。

视频使用的主要困难是很难找到与音乐内容形象十分匹配的视频。给幼儿挖掘的音乐内容形象往往简单、要求主题非常突出，完全符合要求的视频稀少。即使找到了相关的视频，要做到针对性强、完成匹配，也需要经过认真的裁剪，而视频的裁剪在技术上的要求大大超过音乐裁剪，经常需要动用幼儿园以外的专业人员。鉴于此，在幼儿园音乐欣赏教育活动中，视频的使用率不高。

第二，图片的功能与设计要求。

在欣赏活动中，图片的功能与视频是一样的，旨在激活幼儿思维，使幼儿的思维积极投入到音乐作品的内容形象中去，使幼儿更好地理解音乐作品的内容，从而使音乐音响的出现自然、不突兀。

图片设计要达到图片内容揭示音乐内容形象的要求，借助图片使音乐内容形象直观地展开，让幼儿的理解过程变得简单、轻松。

第三,图谱的功能与设计要求。

音乐欣赏教育活动涉及句段结构的关键经验,所以图谱就很重要了。

图谱的功能在于促进幼儿对音乐句段结构的理解与掌握。它与视频、图片的功能是不一样的,视频与图片是用于理解音乐的内容,而图谱则是用于理解音乐的形式(结构)。

图谱设计的要求是简化与准确,这部分内容在前面已经阐述,在这里就不再赘述。

(二)欣赏活动目标设计

欣赏活动目标设计的依据是欣赏的关键经验,是对欣赏关键经验的具体化。

1.欣赏教育活动目标的设计原则。

欣赏教育活动目标设计与歌唱教育活动目标设计一样,需要遵循教育活动目标设计的发展性、完整性、灵活性等原则。

2.欣赏教育活动目标的表述。

与歌唱活动目标的表述一样,欣赏教育活动目标也是着重介绍音乐性目标的表述方式。

(1)欣赏教育活动目标表述具有感受与表现两个内容维度。

欣赏活动中幼儿的音乐学习是一种艺术心理的展开过程,必然地经历感受与表现两个过程,所以,在欣赏活动目标表述中需要体现出感受与表现两个内容,并做到统一。

(2)欣赏教育活动目标表述具有关键经验的维度。

欣赏教育活动中涉及的关键经验有合拍做动作、合音乐句段结构做动作、语言描述、动作描述四项。在欣赏教育活动目标表述时需要揭示出在感受阶段完成什么关键经验,在表现阶段完成什么关键经验。一般而言,在目标表述中,感受阶段比较多地使用语言、动作关键经验,而表现阶段进入两项音乐经验的实现。

(3)欣赏活动目标表述的范例。

范例1:中班音乐欣赏教育活动《农夫与禾苗》活动目标。

活动目标

● 通过对《农夫与禾苗》教师示范表演的观察与描述,感受到此曲的音乐形象内容。
- 能够合拍合句子地扮演农民与禾苗的角色，体验音乐中扮演不同角色的愉悦情绪。

范例2：大班音乐欣赏教育活动《吃苦头的狐狸》活动目标。

活动目标

- 通过听故事、观察图片、描述图片，理解故事的情节转换及乐曲的音乐内容形象。
- 为狐狸所吃的苦头创编动作，理解动作变化及音乐段落变化的关系。
- 合拍合段落地扮演狐狸角色，体验在音乐中进行戏剧化角色扮演的乐趣。

（三）欣赏活动过程设计

1. 欣赏教育活动的一般环节。

幼儿园音乐欣赏教育活动的一般环节也遵循艺术心理的一般过程。艺术心理的一般过程：感受过程——表现过程。幼儿音乐感受的最大特征是身体动作参与，幼儿的音乐感受与身体动作是分不开的。幼儿音乐感受与身体动作表现的区别在于音乐感受阶段的身体动作表演是不完整的、具有模仿性，而身体动作表现阶段的身体动作表演是完整的、脱离榜样独立的。

依据艺术心理由感受到表现的一般心理过程与由生活经验走向音乐经验的经验组织原理，幼儿园音乐欣赏教育活动环节分为音乐内容感受、音乐形式感受、身体动作表现三个环节。

2. 每一环节与每一环节中涉及的欣赏关键经验。

（1）音乐内容感受环节及涉及的欣赏关键经验。

- 音乐内容的语言描述（借助视觉媒介）
- 音乐内容的动作探究
- 对身体动作的语言描述

幼儿园音乐欣赏教育活动成功与否很大程度上取决于这一环节，它是对音乐作品音乐内容形象幼儿化挖掘的具体展开，完全处于幼儿生活经验层面，一般不涉及音乐经验。（即使让幼儿听音乐或看教师合乐的身体动作示范，教学任务的指向也是音乐作品的内容）上面的三个具体关键经验项目实际上构成了这一环节的三个具体教学内容。第一，音乐内容的语言描述。为了激发幼儿进入身体动作表达音乐内容的欲望（这是幼儿主动参与音乐活动的主要指标），教师需要把音乐内容用视觉媒介生动、直观地展现出来，然后，依据对视觉媒介的观察，让幼儿发表看法。教师的视觉媒介设计越到位，幼儿的语言描述越丰富，幼儿学习的积极性越高。第二，音乐内容的动作探究。其实在对视觉媒介进行语言描述的同时，对音乐内容的动作探究也就展开了；同样，教师的视觉媒介设计越到位，幼儿的动作探究越活跃、丰富。第三，对身体动作的语言描述。当幼儿用身体动作表达音乐内容时，教师需要幼儿描述这些动作的状态与意义。这种描述在梳理幼儿思维、提升幼儿行动目的性等方面具有重要价值。

（2）音乐形式感受环节及涉及的关键经验。

● 合拍做动作

● 合音乐句段结构做动作

音乐形式感受环节具体涉及两项音乐经验，此两项音乐经验也构成形式感受环节的两个具体教学内容。音乐形式感受环节需要在角色扮演等情境气氛中完成。第一，合拍做动作。合拍做动作的感受，一般是通过提问、完整示范、反馈、同伴支架、分句示范等策略在交替使用过程中完成。第二，合音乐的句段结构。合音乐的句段结构感受，一般是通过教师完整的动作示范、教师与幼儿的配合示范、图谱的呈现等策略在交替使用过程中完成。

（3）身体动作表现环节及涉及的关键经验。

● 合拍做动作

● 合音乐句段结构做动作

这个环节的合拍与合音乐句段结构做动作具有了表现特征：第一，对完整音乐的身体表演；第二，脱离教师榜样的独立的身体表演。这一环节设计的关键是情境化、戏剧化的角色扮演，让幼儿在角色扮演的情境中进行充满戏剧色彩的表演。

（四）欣赏教育活动方案的结构

欣赏教育活动方案由四个部分构成：音乐材料、活动目标、活动准备与活动过程。第一，音乐材料部分。音乐材料部分需要呈现乐谱、对音乐作品内容形象幼儿化挖掘所需要的视觉直观教具（图片、视频、图谱等）、对音乐作品的动作设计。第二，活动目标部分。活动目标往往由感受与表现两个部分构成。感受部分包括音乐内容与形式两方面，一方面写清楚通过什么方式使幼儿感受到音乐内容；另一方面写清楚需要幼儿实现的表现方面的关键经验是什么。第三，活动准备部分。准备部分包括经验准备与物质准备两部分。乐曲的音乐内容中有幼儿不是太熟悉的情境、事件、知识等情况时，欣赏教学活动之前需要对幼儿进行经验铺垫或准备，以便顺利展开教学。物质准备主要指设备、教具、学具的准备。第四，活动过程部分。过程部分一般是按照音乐内容感受、音乐形式感受、身体动作表现三个环节推进的。由于每首乐曲的侧重环节有所区别，导致不同的乐曲在教学环节的文本呈现上会有较大差异。

二、欣赏教育活动的组织

欣赏教育活动的组织是指根据课堂实际情况灵活地将欣赏教育活动设计方案转化为课堂实践的过程，也是教学内容有序展开的过程。

（一）欣赏教育活动的课时安排

欣赏教育活动一般一个课时完成，复习巩固可以放在日常生活活动中去完成。一课时欣赏教育活动的环节一般安排如下：

1. 音乐内容感受环节。
2. 音乐形式感受环节。
3. 身体动作表现环节。

受音乐欣赏作品多段落的影响，以上一课时欣赏教育活动的三环节也会演变为以下的三个环节：

1. 第一段音乐的内容感受与形式感受环节。
2. 第二段音乐的内容感受与形式感受环节。
3. 完整音乐的身体动作表现环节。

（二）指向关键经验的欣赏教育活动组织

欣赏教育活动的组织即教学内容的有序推进，同时每一项教学内容都具有指向关键经验获得的功能。

下面为常规三环节欣赏教育活动的教学内容组织与指向的关键经验：

1. 音乐内容感受环节。（指向语言、动作描述关键经验）

（1）借助直观教具，呈现音乐内容形象。

（2）幼儿用语言描述音乐内容形象。

（3）幼儿用身体动作表达音乐内容形象。

2. 音乐形式感受。（指向合拍、合音乐句段结构关键经验）

（1）呈现音乐，让幼儿尝试刚才的身体动作表达能否与音乐相匹配。

（2）讨论在音乐中用身体动作表达时出现了什么问题。（不合乐的问题）

（3）教师解决幼儿身体动作的合乐问题。

3. 身体动作表现。（指向合拍、合音乐句段结构关键经验）

（1）在教师指令下情境化、戏剧化的角色扮演。

（2）教师撤除指令的情境化、戏剧化的角色扮演。

欣赏教育活动教学内容也有可能以段落为单位展开，下面为从常规三环节演化而来的欣赏教育活动三环节的教学内容组织与指向的关键经验：

1. 第一段音乐的内容感受与形式感受。

（1）借助直观教具，呈现第一段音乐内容形象。

（2）幼儿用语言描述音乐内容形象。

（3）幼儿用身体动作表达音乐内容形象。

——指向第一段音乐的语言、动作描述关键经验。

（4）呈现第一段音乐，让幼儿尝试刚才的身体动作表达能否与音乐相匹配。

（5）讨论在音乐中用身体动作表达时出现了什么问题。（不合乐的问题）

（6）教师解决第一段幼儿身体动作的合乐问题。

——指向第一段音乐的合拍、合句段结构关键经验。

2. 第二段音乐的内容感受与形式感受。

（1）呈现第二段音乐内容形象。

（2）幼儿用语言描述音乐内容形象。

（3）幼儿用身体动作表达音乐内容形象。

——指向第二段音乐的语言、动作描述关键经验。

（4）呈现第二段音乐，让幼儿尝试刚才的身体动作表达能否与音乐相匹配。

（5）讨论在音乐中用身体动作表达时出现了什么问题。（不合乐的问题）

（6）教师解决第二段幼儿身体动作的合乐问题。

——指向第二段音乐的合拍、合句段结构关键经验。

3. 完整音乐的身体动作表现。

（1）在教师帮助下完整表现。

（2）幼儿独立地完整表现。

——指向完整音乐的合拍、合句段结构关键经验。

第三部分 幼儿园欣赏教育活动设计实例

一、小班欣赏教育活动设计实例

活动一 寻宝藏

 【音乐材料设计】

【乐　谱】

寻　宝　藏
（库企企）

选自《奥尔夫系列音乐》

$1=A \quad \frac{4}{4}$

A段：
‖: 5· 5 6· 6 5· 5 1 7 6 | 5· 5 4 3 2 3 1 2 3 |
5· 5 6· 6 5· 5 1 7 6 | 5· 3 2· 2 1 — | 5· 5 6· 6 5· 5 1 7 6 |
5· 5 4 3 2 3 1 2 3 | 5· 5 6· 6 5· 5 1 7 6 | 5· 3 2· 2 1 — ‖

B段：　　　　　　　　C段：
5　6　#6　7 ‖ X X X X X | X X X X X :‖

从头反复

【作品句段分析】

大写字母表示段落，小写字母表示句子。

```
     A            B            C
   ┌──┐
   a  a'          a            a
```

【音乐内容设计】

听说在一座山的一个山洞里藏着宝藏，只要对着这个山洞的洞口喊一句魔语"× × ×× ×"，山洞就会自动打开，喊魔语的人就可以拿走宝藏。哇，许多人骑着马来了，下了马爬山，找到一个洞口就喊魔语"× × ×× ×"。结果洞口没开，找错地方了，继续去找。又骑马，又爬山，又喊魔语。最后终于找到了这个山洞，找到了宝藏。

【动作设计】

A段：做骑马动作。

B段：双手轮番做爬山动作。

C段：按"× × ×× ×"节奏型，做挥单手举手臂的动作，手握拳。

1. 根据"寻宝藏"的故事，辨别音乐作品中与骑马、爬台阶、喊魔语内容相对应的三小段音乐。

2. 合乐地表现寻宝藏的整个过程。

1. 一张寻宝图。

2. 音乐CD。

活动过程

1. 讲"寻宝藏"的故事。

（1）与幼儿讨论宝藏是什么意思，幼儿想要的宝藏是什么。

（2）讲故事。讲完故事后，全班以教师为寻宝队队长也加入寻宝的队伍中去。

2. 辨别、感受骑马、爬台阶、喊魔语内容相对应的三小段音乐。

（1）先找到打开山洞的魔语是什么？关注第三段音乐并用上肢动作表达。

（2）大家再一起决定用什么交通工具去寻宝，根据音乐决定什么交通工具最合适。关注第一段音乐，并用上肢动作表达。

（3）最后要发现爬山时爬了几次。关注第二段音乐，并用上肢动作表达。

3. 上肢动作表现故事。

（1）幼儿在座位上在教师示范引导下完整表演音乐。特别解决骑马动作手臂合拍问题。

（2）教师示范撤离，在教师语言提示下幼儿用上肢动作完整表演故事情节。

4. 下肢动作表现故事。

（1）全班围成一个圈，以教师为队长全体队员开始骑马、爬山、喊魔语的整套寻宝动作的表演，最终以山洞门没有打开，没有寻到宝藏结束。

（2）全班围成一个圈，以教师为队长全体队员开始骑马、爬山、喊魔语的整套寻宝动作的表演，最终以山洞门打开，找到宝藏结束。

（3）教师展现山洞里的宝藏：从黑板大小的袋子里，逐渐拉出近二十个动画片的主角头像。

活动二 打 蚊 子

  音乐材料设计

【乐　谱】

打 蚊 子
（七士进阶）

德国民间舞曲

$1=G$ $\frac{2}{4}$

（乐谱）

【音乐内容形象】

小朋友走来，这时蚊子叮小朋友，小朋友先抓痒，抓了一会儿就开始用手掌打蚊子。

【动作设计】（手指动作）

1—8小节：双手掌按节拍模仿走路动作。

9—10小节：前三拍，一只手模仿蚊子叮的动作，在另一只手掌上叮三次，最后一拍不做动作。

11—12小节：一只手为另一只手抓痒。

13—14小节、15—16小节：同9—10、11—12小节。

17—19小节：第一拍做举手准备打蚊子动作，第二拍做打蚊子动作。

第20小节：做举手准备打蚊子动作，但没有打下去。

活动目标

1. 通过手指游戏感受乐曲的拍子与句子变化。
2. 在音乐中完成蚊子与小朋友的角色扮演。

活动准备

● 音乐CD。

活动过程

1. 模仿学习手指游戏。

（1）教师讲述小朋友散步时遇到蚊子的生活情境故事。

（2）教师用手指游戏合乐地表现以上的生活情境。

（3）请幼儿与教师一起来在音乐中表演手指游戏。

2. 小朋友与蚊子的角色扮演。

（1）请幼儿主动地把手指游戏转换成角色扮演。

① 请两名小朋友在语言情境中把小朋友与蚊子的动作表演出来。表演结束后请全体幼儿评价，教师提升角色动作，使动作更合理，具有表现力。

② 请两名小朋友在音乐中用动作表演小朋友与蚊子。表演结束后请全体幼儿评价，教师提升动作的合拍性。

（2）全体幼儿不分角色在音乐中做身体动作表演。

① 教师给出榜样，幼儿模仿表演。

② 教师撤离示范，在教师语言提醒下幼儿表演。

3. 在音乐中双角色的表演。

（1）一半幼儿扮演小朋友一半幼儿扮演蚊子，在音乐中分角色表演。

（2）请表演得出色的一对幼儿进行榜样表演。

（3）全体幼儿再次分角色表演。

音乐欣赏教育活动

活动三 孙悟空救人

音乐材料设计

【乐 谱】

孙悟空救人
（单簧管波尔卡）

1=♭B 2/4　　　　　　　　　　　　　　　　　　　［波］普罗修斯卡 曲

A段：

（乐谱）

Fine

B段：

（乐谱）

D.C.

【音乐句段结构分析】

此曲为A、B、A三段体，曲式结构分析图如下，其中大写字母表示段落，小写字母表示句子。

A	B	A'
a b c d	a b c d	a b c d

34

【音乐内容形象】

孙悟空得到师傅唐僧被天兵天将抓到天宫的消息,赶紧翻着筋斗云去救师傅;孙悟空得到猪八戒被妖怪捉到山洞的消息,赶紧钻山洞爬树去救猪八戒;孙悟空得到沙和尚被绑在海底龙宫的消息,赶紧游泳去救沙和尚。

【图　谱】

【图　片】

(一)唐僧图片

(二)孙悟空图片

(三)猪八戒图片

(四)沙和尚图片

【动作设计】

A段：

1—4小节：手做猴子造型动作，脚在第一完整小节的重拍跳一下表示翻筋斗云，其余小节每一节做一次看的动作。

5—8小节：同1—4小节。

9—12小节：同1—4小节。

13—16小节：同1—4小节。

B段：

1—2小节：做钻山洞动作。

3—4小节：做爬树动作，每拍爬一次，共爬四次。

5—8小节：同1—4小节。

9—12小节：同1—4小节。

13—16小节：同1—4小节。

A'段：

1—4小节：做游泳动作，一小节做一次，共四次。

5—8小节：换一个游泳动作，动作频率同1—4小节。

9—12小节：再换一个游泳动作，动作频率同1—4小节。

13—16小节：再换一个游泳动作，动作频率同1—4小节。

活动目标

1. 针对孙悟空救人故事，创编孙悟空救人的动作。
2. 在音乐中完成孙悟空救人的故事表演。

活动准备

1. 图谱一张，在图谱的每一行后面贴上相应的角色图片。
2. 教师挂一张孙悟空图片，表示是孙悟空。
3. 音乐CD。

活动过程

1. 介绍孙悟空。

（1）教师向幼儿请教：孙悟空有哪些本领，并请幼儿把孙悟空的本领用动作表达出来。

（2）教师介绍孙悟空今天要用出来的本领，并请幼儿用动作表示。

2. 讲孙悟空救人的故事，请幼儿用动作表演这一故事。

（1）请全体幼儿在教师语言讲解中用身体动作表演这一故事。

（2）请集体表演中表现力出色的幼儿展现他们的表演，教师提升身体动作的质量。

（3）请全体幼儿再表演一下这个故事。

3. 在音乐中表演故事。

（1）分段请幼儿在音乐中表演故事。

① 出示第一段音乐，请幼儿完成在音乐中踩着筋斗云去救师父的表演。教师指导并提升幼儿动作的频率与合拍性。

② 出示第二段音乐，请幼儿完成在音乐中钻山洞与爬树去救猪八戒的表演。教师指导并提升幼儿动作的频率与合拍性。

③ 出示第三段音乐，请幼儿完成在音乐中做游泳动作去救沙和尚的表演。教师指导幼儿变换游戏动作并提升幼儿动作的频率与合拍性。

（2）全体幼儿在完整音乐中表演。

① 教师的评价指向角色扮演的生动性、游泳动作的变化性。

② 对身体动作的合音乐性不需要用语言评价，主要通过示范提醒。

活动四 旋转木马

（浙江省交通运输厅幼儿园 李海燕 设计并执教）

音乐材料设计

【乐 谱】

小丑与旋转木马

黄士嘉曲

1=C 4/4

```
3 2  1 6  7   1  | 7  -  0  0 ‖: 3 0. 6 0. 4  -  |
2 0. 5 0. 3   -  | 1 0. 4 0. 2 1 7 6 | 7 0. 1 0. 7  -  |
3 0. 6 0. 4   -  | 2 0. 5 0. 3   -   | 1 0. 4 0. 2 1 7 6 |
7 0. 1 0. 6   -  | 6  4 3 2.  4 | 3  1 2 3  |
2  4  3 2 1 7 | 1  6  3  -  | 6  4 3 2.  4 |
3  1 7 6  -  | 3 2 1 6  7  1 | 7  -  0  0 :‖
3 4 #4 5  #5 5 4 ♮4  3 0.  0 | 3 4 #4 5  #5 5 4 ♮4  3 0.  0 |
3 4 #4 5  #5 6 ♭7 7  5 6 ♭7 7  1 #1 2 ♭3 | 3 0.  ♭3 3 0   0   0 ‖
```

【图 谱】

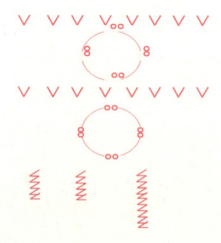

【音乐内容形象】

小椅子围成圈,幼儿坐下后面朝前。

小朋友双手握拳上下垂直放胸前,表示骑木马。当身体一上一下摆动表示骑着的木马在上下翘动,当身体站立围着圈走动,表示木马在旋转,身体跟着木马在旋转。

【动作设计】

1—8小节:坐在位置上,双手握拳上下垂直放胸前,身体二拍下二拍上,一上一下上下摆动,表示骑木马。

第9小节:身体站立,面朝前,双手动作同1—8小节,脚走小碎步。

第10小节:身体站立,面朝前,脚不动,手做挥马鞭的动作,两拍挥一次,共挥二次。

11—12小节:同9—10小节。

13—14小节:同9—10小节。

15—16小节:同9—10小节。

17—18小节:同9—10小节。

19—22小节:脚不动,双手捂住眼睛,表示惊奇。

活动目标

1. 欣赏音乐,尝试用肢体动作表现旋转木马一上一下与旋转的特点。
2. 体验在单圈队形中合作做动作走圈的快乐。

活动准备

1. 坐旋转木马的生活经验。
2. 音乐CD。
3. 旋转木马视频。

活动过程

1. 回忆经验，体验游戏，进入音乐情境。

（1）谈论话题，引发主题。

——我是一个快乐的小丑，我很喜欢玩旋转木马，你们喜欢吗？玩过吗？

（2）观看视频，链接经验。

——看来我们都很喜欢旋转木马，一起来看看是怎么玩的呀？（了解旋转木马一下一上和旋转的特点）

2. 欣赏音乐，初步了解音乐结构与情节。

（1）初步倾听，感受 A 段的断顿与 B 段的连贯。

——小丑带来的可是一架神奇的音乐马车，听懂了音乐才会更好玩，我们一起听听什么时候像一下一上，什么时候是转起来！

（2）再次倾听，随音乐自由表现上下和旋转。

——你能听着音乐一上一下或者旋转吗？试试用动作告诉我！

（3）尝试圈上身体动作表现 A 段的断顿和 B 段的连贯。

——从你们的动作就看出你们已经找到了什么地方是一下一上，什么地方是旋转。接下来，我们大家一起变成一架圆圆的大马车，听着音乐来玩一玩。一下一上可以怎么样？能像视频里一样往前转起来吗？（站在椅子外，自然围成圆圈，初步尝试）

（4）随音乐画图谱，帮助幼儿进一步理解与巩固。

——刚才我们听着音乐一会儿上下，一会儿旋转起来，真好玩，我还能听着音乐把玩旋转木马的样子画下来呢，看看和我们玩的一样吗？

——谁来找找看，什么地方是一下一上，什么地方是旋转？看看有几次？

3. 听辨特殊音效，尝试表现 B 段情节。

（1）借助图谱与游戏情境，理解 B 段特殊音效。

——木马旋转的时候，有没有听到什么特别声音？（借助图谱中的符号发现特殊音效）

——你知道这是什么意思吗？告诉你们吧，这是小铃铛发出好听的声音在给小木马加油呢！听一听是在音乐的什么地方给小木马加油的？（配合语气词：驾驾）

——你还听到什么特别的地方？猜猜是什么意思。原来是小丑变魔法，在这里是要准备给你们变礼物啦！

（2）尝试表现B段音乐情节。

——你们能在转起来的时候为小木马加加油吗？（取座位自由尝试）

——我们一起坐上大马车试一试。（圈上与同伴合作游戏，学习与同伴友好地共享空间，小丑变出魔法棒）

4. 在"变魔法与加油"的情境中，尝试用词语、身体动作完整表现音乐。

（1）加入道具，身体动作与词语完整表现音乐。

——一起听着音乐完整地玩一玩，看看这次我能变出什么礼物。（手持纸棒，开始合作游戏。小丑变出旋转木马，增加游戏趣味）

（2）道具升级，进一步体验音乐与情境给予的愉悦。

——让我们坐上神奇的音乐马车，继续变出更多的礼物吧！

活动五 毛毛虫与蝴蝶

（浙江省象山县滨海幼儿园 蒋明明 执教）

  音乐材料设计

【曲　谱】

毛毛虫与蝴蝶

选自《美育奥尔夫》

（曲谱略）

【教学内容分析】

音乐活动和体育活动既相互独立，又相互渗透、相互促进。而《毛毛虫与蝴蝶》正好把两者结合在了一起，第一段音乐的2拍子节奏感与第二段3拍子音乐具有轻松感的前奏与优美感的歌唱部分相结合，非常符合毛毛虫爬行—变蛹—变蝴蝶的情节发展。布袋是幼儿比较熟悉并喜欢的器械，当毛毛虫爬行时，幼儿钻进布袋露出脑袋做爬的动作；当毛毛虫变成蛹时，幼儿都躲进布袋里；当毛毛虫破茧成蝶时，幼儿从布袋里钻出来。因为有了布袋，使小班幼儿的直觉思维得到发挥，使爬行动作的学习充满游戏性。

【图　片】

  活动目标

1. 倾听音乐，尝试用肢体动作来模仿毛毛虫。
2. 辨别音乐A、B两段的结构，能跟着音乐表演由毛毛虫变蝴蝶的整个过程。

  活动准备

1. 毛毛虫布袋。
2. 毛毛虫爬行视频。
3. 音乐CD。
4. 有关毛毛虫爬行的特征，毛毛虫变蛹、变蝴蝶过程的经验铺垫。

  活动过程

1. 导入活动。

（1）穿布袋进场。

教师：小朋友们，今天我们都穿上了漂亮的小布袋，让我们一起跳着出去玩吧！（听音乐跳进活动室）

教师：跳得好累啊，（教师做擦汗的动作）让我们坐下来休息一下吧。

（2）探索毛毛虫的爬法。

教师：你知道毛毛虫是怎么爬的吗？（幼儿自由爬）让我们一起来试试看吧，看看谁像毛毛虫。

2. 感知 A 段音乐，合着节奏爬。

（1）观看视频学习毛毛虫的爬法。

教师：你知道真正的毛毛虫是怎么爬的吗？让我们一起来看看毛毛虫是怎么爬的。有请我的好朋友真正的毛毛虫。

教师：刚才毛毛虫是怎么爬的呀？（请个别幼儿表演）有没有更像的毛毛虫呢？毛毛虫是怎么爬的？（学习词语：一伸一缩）一伸一缩是怎么爬的？（教师示范讲解动作）一伸一缩的爬，把我们的膝盖弯曲，身体缩拢，然后伸出手臂，身体伸直，这样爬就更像毛毛虫啦。

（2）幼儿集体练习，教师配上词语提示：一伸一缩。（纠正几个不对的幼儿）

（3）合着音乐爬。

教师：毛毛虫呀喜欢听音乐，他喜欢跟着音乐爬，我们一起来学学。（幼儿自由练习，教师词语提示）

小结：有的小毛毛虫还可以爬得快一点，要听清楚音乐哦！

教师：毛毛虫们，我们已经学会了爬，让我们一起爬出去找好吃的吧。（播放音乐1）

情景创设。（小树林、毛毛虫奶奶家）

教师：来到小树林了，这里有那么多好吃的，让我们尽情地吃吧！

教师：我们有这么多好吃的，可是，有一条毛毛虫奶奶年纪大了爬不动了，肚子饿得咕咕叫，怎么办呢？我们去送好吃的吧！（播放音乐3）

教师：毛毛虫奶奶，我们给您送好吃的来了。您自己吃，我们走了，再见！让我们听着好听的音乐回家吧。

3. 感知 B 段音乐尝试变茧、变蝴蝶。

（1）B 段前奏变茧。

教师：哎呀，今天吃得真饱，（摸摸肚子，音乐起）毛毛虫吃饱了，听，它要干什么啦？对，要睡觉了吗？让我们一起睡觉吧。（钻进布袋）

（2）B 段歌唱部分变蝴蝶。

教师：咦！宝贝们，快快醒来吧，我们长大了，长出了翅膀，变成蝴蝶飞起来了。

教师：小蝴蝶飞到小花上，在布袋边上快乐地吃着花蜜。（音乐停）小蝴蝶吃饱了，想休息一下了。小蝴蝶要生小宝宝啦，生下了一个圆圆的卵，（教师钻进布袋里）圆圆的卵长大了，变成了一条小小的毛毛虫。

4. 游戏《毛毛虫变蝴蝶》。

（1）辨别 A、B 段前奏、B 段歌唱部分三部分音乐对应的三种角色。

（2）集体完整地表演毛毛虫爬—变蛹—变蝴蝶的过程。

活动六　小老鼠与老猫

【音乐材料设计】

【乐　谱】

小老鼠与老猫

欧美儿童音乐

$1=C\ \dfrac{4}{4}$

A段：

（乐谱略）

B段：

（乐谱略）

【情境设置】

在教室一角搭一个油灯台，配班教师扮演老猫在灯台下面。

【手指动作建议】

A段：

1—2小节：双拳伸出食指与中指稍弯曲作为老鼠的脚，第1小节四拍伸出食指与中指的双手交替走路共走四下。第2小节第一拍停止，共停四拍。

3—4小节：同1—2小节。

5—6小节：同1—2小节。

7—8小节：同1—2小节。

B段：

1—2小节：伸出食指与中指的双手交替跑步，半拍跑一下。

3—4小节：伸出食指与中指的双手做辘轳转动作，由上往下转。

5—6小节：第5小节第1拍做停止动作，第6小节第1拍做倒地动作。

【游戏玩法建议】

小老鼠们在鼠妈妈带领下悄悄走向灯台去偷油，当听到猫打哈欠的声音时只是停下，过后继续走向灯台；当听到老猫生气的狂叫声时，赶紧逃回家。

活动目标

1. 通过上肢动作辨别对应小老鼠走路与跑步的两段音乐。
2. 在音乐中扮演小老鼠角色，完成小老鼠偷油与跑回家的游戏情节。

活动准备

1. 对灯油很香，老鼠喜欢吃油等进行知识铺垫。
2. 配班教师扮演老猫。
3. 音乐 CD。

活动过程

1. 介绍小老鼠到老猫的灯台上去偷灯油吃的故事情节。

（1）唤醒幼儿有关小老鼠喜欢吃灯油的原有经验。

（2）教师语言描述小老鼠偷油吃的故事情节。

（3）让幼儿扮演小老鼠跟着鼠妈妈到灯台处去偷油。

没有音乐的游戏：小老鼠从教室的另一头开始行动，穿过小桥钻过山洞，最后来到了老猫的灯台旁边。在妈妈的带领下悄悄向灯台靠近，当听到老猫的叫声后迅速逃回家。

2. 在音乐中用手指动作表演故事情节。

（1）教师用手指动作示范表演小老鼠偷油吃的故事情节。

提问：教师的手指在悄悄走近灯台时是怎么走的？在听到老猫叫声后逃回家时是怎么逃的？

（2）幼儿在教师示范带领下学习手指动作。

3. 在音乐中用身体动作完整表演游戏情节。

（1）请幼儿原地在音乐中用身体动作表演故事情节。

（2）完整表演游戏情节。

① 在妈妈带领下，穿过小桥钻过山洞，最后来到了老猫的灯台旁边。

② 音乐响起，小老鼠在妈妈带领下，悄悄走近灯台。老猫醒了，狂叫一声，小老鼠迅速逃回家，坐到椅子上。

活动七 狗熊与面包①

【乐　谱】

狗熊与面包
（兔子与狼）

汪爱丽曲

$1=F \dfrac{2}{4}$

A段：

| 1 3 | 5 56 5 | 1 3 | 2123 2 | 1 3 | 5 56 5 | 1 3 |

B段：

| 2123 1 ‖ 56 1 53 | 5 56 5 | 56 1 53 | 2123 2 | 56 1 53 |

C段：

| 5 56 5 | 56 1 53 | 2123 1 | 1 5 | 1 0 ‖ 6 3 |

| 6 3 | 67 12 3 - | 3 3 | 3 3 | 32 17 | 6 - ‖

【音乐内容形象分析】

A段音乐表现和面、揉面团的情境。B段音乐按顺序做刷黄油、撒佐料、放进烤箱等动作。C段音乐表现面包睡觉时，一只贪吃的小狗熊偷走一个面包的情境。

【游戏玩法建议】

当面包做好音乐进入C段时，请全体幼儿蒙上眼睛，教师扮演小狗熊进入小朋友圈内，用一块布盖住一个幼儿，表示面包被偷走了。这时请全体幼儿睁开眼睛，猜哪一只"面包"被偷走了。

注意事项：

第一，游戏开始时，教师有意识地藏平时比较胆大的幼儿。

第二，时刻提醒幼儿不能偷看。

---

① 参考许卓娅．幼儿艺术（音乐）教育与活动指导．南京：江苏教育出版社 2013：125．

第三，每完成一次游戏，需要幼儿自由交换一次座位。

 活动目标

1. 创编做面包、烤面包的动作。
2. 通过制作面包与小狗熊偷面包情节的交替，理解音乐段落的变化。
3. 在音乐中完成制作面包与面包被偷的游戏故事。

 活动准备

1. 做面包、烤面包的经验铺垫。
2. 音乐 CD。

 活动过程

1. 教师与幼儿讨论面包制作过程，幼儿创编制作动作。

（1）讨论面包制作步骤。

（2）请幼儿创编面包制作的动作。

2. 在音乐中进行面包制作。

（1）教师示范如何跟着音乐进行面包制作。

（2）幼儿尝试合乐完成 A、B 两段的表演。

3. 加入 C 段小狗熊偷面包的游戏情境。

（1）教师介绍后面的游戏情境，不加音乐表演一次，使幼儿明白游戏过程与规则。

（2）A、B、C 三段连起来完整表演一次。

（3）解决游戏过程中出现的障碍。

（4）完整游戏与表演。

活动八 鸡与狐狸

音乐材料设计

【乐 谱】

鸡与狐狸

（宾 果）

1＝C $\frac{4}{4}$ $\frac{3}{4}$

美国传统音乐

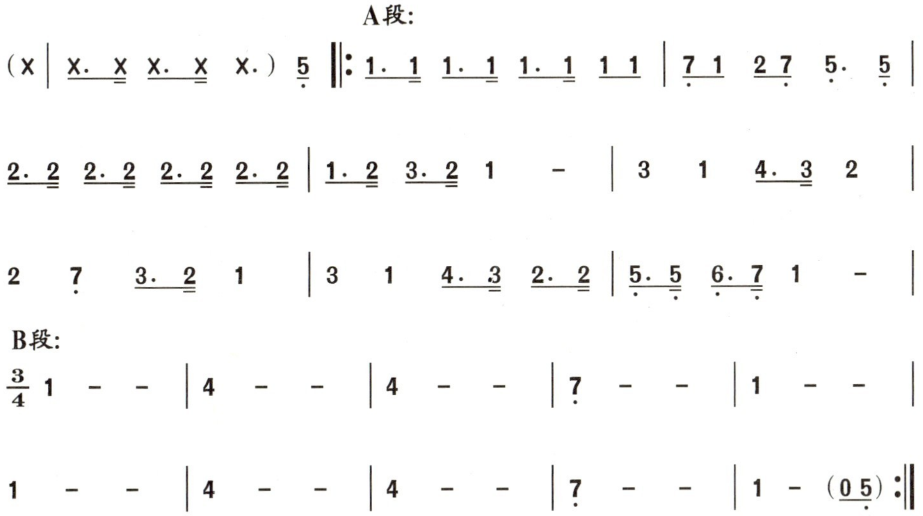

【作品分析】

此曲原名为《宾果》，原曲有六段，这里剪切了两段。这首曲子的曲式结构分析图如下，其中大写字母表示段落，小写字母表示句子，此曲需要关注从 $\frac{4}{4}$ 拍到 $\frac{3}{4}$ 拍的切换：

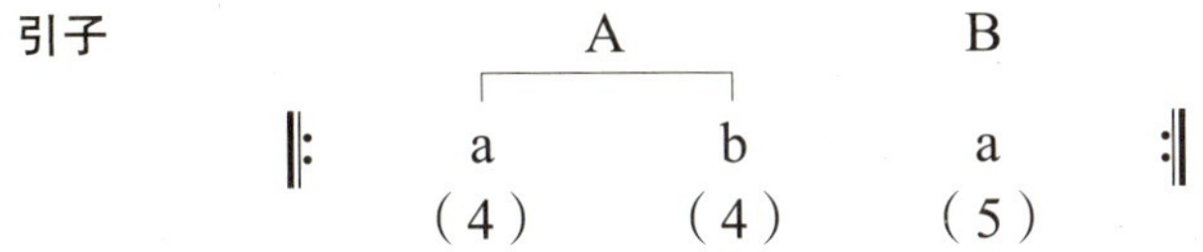

【故事设计】

鸡妈妈带着鸡宝宝出去玩，出去之前鸡妈妈告诉鸡宝宝：外面有一只专门吃鸡宝宝的狐狸，但是他的眼神很不好，当他出来时我们只要做木头人一动不动，他就以为我们是石头、树、土堆什么的，就不会吃我们。

在外面玩的路上，鸡妈妈带着鸡宝宝练习了做木头人一动不动的方法，后来狐狸真的来了，所有的鸡宝宝都马上变成木头人，狐狸以为只有石头、树、土堆呢，灰溜溜地走了。

【动作设计】

队形：鸡妈妈背朝鸡宝宝在最前面带路，鸡宝宝们自由地跟在鸡妈妈后面。

A 段 a：

第 1 小节：鸡妈妈带着鸡宝宝走路，一拍一步。

第 2 小节：第一拍，鸡妈妈突然向后转身，面向鸡宝宝；鸡宝宝立即停止任何动作，成为木头人。木头人持续一小节。

3—4 小节：同 1—2 小节。

A 段 b：

5—7 小节：同 A 段 a 的第 1 小节。

第 8 小节：同 A 段 a 的第 2 小节。

B 段：

鸡妈妈与鸡宝宝都做木头人，一动不动。狐狸出来了，他凑近一个鸡宝宝摇了摇，发现鸡宝宝一动不动，就说了"哦，这是石头"。他又凑近另一个鸡宝宝摇了摇，发现鸡宝宝一动不动，就说了"哦，这是一棵树"。最后一小节，狐狸走了。

活动目标

1. 通过走路与停止造型动作分辨出第一段音乐的句子变化；通过跟着妈妈走路与狐狸出来后做木头人的情节变化，辨别音乐的段落变化。
2. 在音乐中完成跟着妈妈走路与做木头人的表演任务。
3. 在做木头人造型时能克制情绪、抑制兴奋，体现出一定的克制能力。

活动准备

1. "木头人"游戏的经验铺垫。
2. 狐狸的头饰、服装等行头。

3. 配班教师扮演狐狸。

4. 音乐CD。

活动过程

1. 教师讲故事，使幼儿理解游戏展开的情节。

2. 在音乐中教师带领幼儿学习第一段出去走的情节。

（1）教师示范鸡宝宝走路的动作，要求在鸡妈妈回头时能停止走路动作。

（2）幼儿在教师示范带领下做第一段走路动作。

（3）教师与幼儿一起扮演鸡妈妈与鸡宝宝，在游戏情节中完成走路与停止造型的身体动作。

3. 在音乐中教师带领幼儿学习第二段狐狸出来时的情节。

（1）教师与幼儿一起表演第一段音乐，配班教师扮演狐狸表演第二段音乐。第二段音乐幼儿进行本能表演时一般是通过逃跑来躲避狐狸。

（2）教师与幼儿讨论狐狸出来时，小鸡应该怎么办？

讨论一：小鸡无论怎么跑，能跑得过狐狸吗？

讨论二：教师给出这是一只老狐狸，眼神不太好的信息。

讨论三：教师建议小鸡们做木头人，因为变成木头人以后一动不动，眼神不好的老狐狸就会认为小鸡是石头、树，然后到另外的地方去寻找小动物了。

（3）幼儿进行木头人造型练习。

（4）在音乐中表演木头人造型。

4. 教师与幼儿合作完成合乐的完整游戏表演。

（1）执教教师扮演鸡妈妈，配班教师扮演狐狸，全体小朋友扮演小鸡，在音乐中完整游戏。

（2）评价、讨论游戏情况。

（3）根据评价环节的改进建议，再次完整游戏。

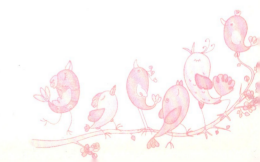

活动九　小兔和狐狸①

音乐材料设计

【乐　谱】

小兔和狐狸

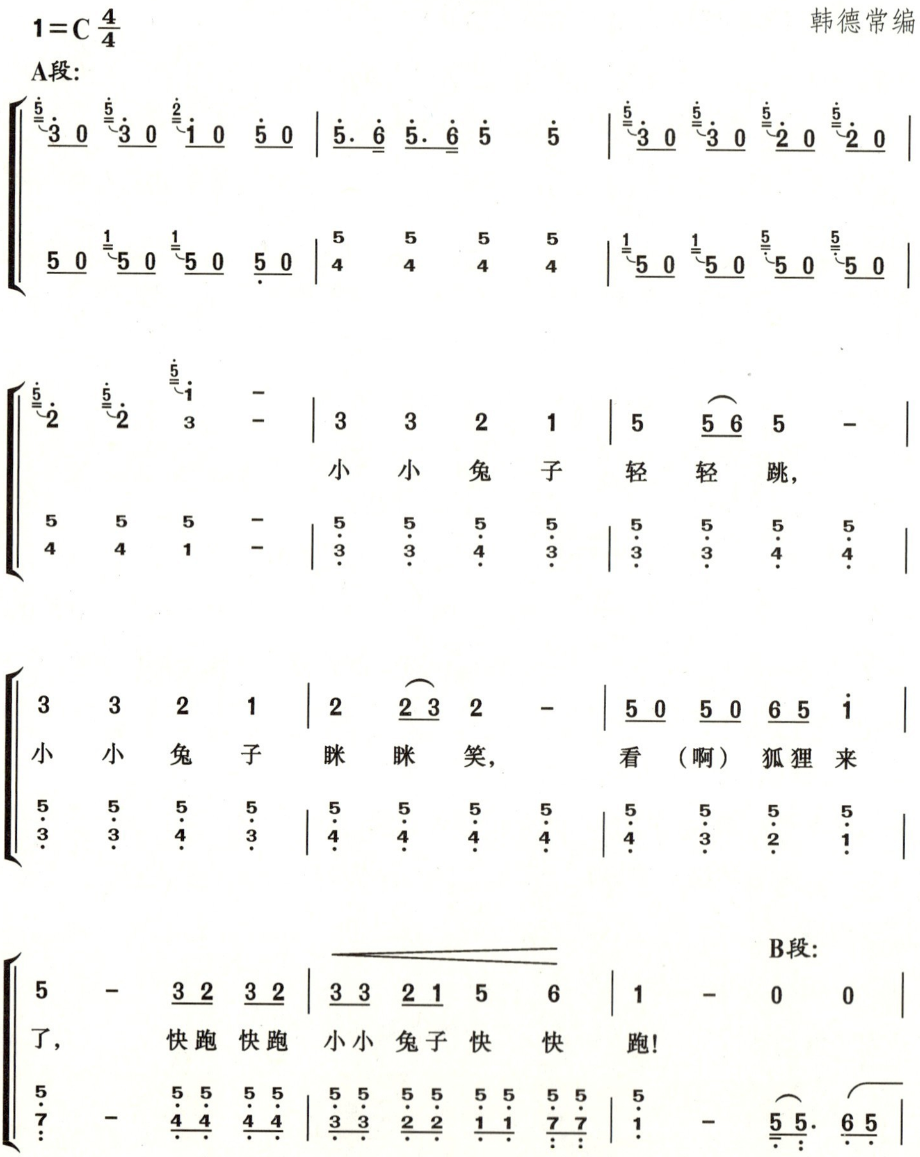

① 王秀萍．幼儿园领域课程资源（音乐）．北京：教育科学出版社．2014：43.

[乐谱]

【作品分析】

此曲为 A、B 二段式结构。1—12 小节为 A 段，通过跳跃动感节奏型与叙述性歌唱的结合，表现蹦蹦跳跳的小兔子愉悦的心情。13—18 小节为 B 段，通过低音区切分节奏型的演奏，表现狐狸的形象。

【故事设计】

一天，天气非常好，一群小兔子在草场上蹦蹦跳跳地玩耍，高兴极了。突然，一只狐狸看见它们了，跑过来抓它们。小兔子们一看狐狸来了，赶紧逃啊逃，然后不声不响地躲起来。

【游戏玩法建议】

A 段：

1—8 小节：小兔子们蹦蹦跳跳地出来了。

9—12 小节：配合歌词做停住看狐狸、快跑的动作。在 12 小节的最后二拍做蹲下动作。

B 段：

狐狸出来，围绕小兔子走动、巡视，如果看到哪只小兔子动了就抓住。

活动目标

1. 根据角色分配，辨别两段音乐的不同形象。
2. 在音乐中完成小兔子角色的扮演，有初步的控制自己情绪与动作的能力。

活动准备

1. 兔子、狐狸木偶或手偶各一只。
2. 音乐CD。

活动过程

1. 在语言故事中幼儿进行角色扮演。

（1）教师讲故事。

（2）请幼儿在教师的语言故事中完成小兔子的角色扮演，在狐狸来的时刻，具有良好的克制行为。

（3）在强调良好的克制行为要求后，幼儿与教师合作再次表演故事内容。

2. 在音乐中，学习第一段的表演。

（1）教师边放第一段音乐边歌唱，然后请幼儿创编动作。

（2）针对幼儿创编的动作，教师进行提升与精炼。

（3）全体幼儿根据教师最后提升与精炼的动作，在音乐中扮演小兔子。

3. 在音乐中，学习第二段的表演。

（1）教师与幼儿表演第一段，自然进入第二段，观察幼儿在第二段的自然表演情况。

（2）教师与幼儿讨论狐狸来了以后兔子们应该怎么办才能不被吃掉。（不声不响地躲好）

（3）在教师的带领下，小兔子们表演不声不响躲好的动作。

（4）在音乐中，全体幼儿完整表演第二段游戏。

4. 在音乐中教师与幼儿合作完成完整游戏的表演。

（1）在音乐中，请幼儿扮演小兔子，完成小兔子出去玩与躲过狐狸的表演。

（2）评价与讨论表演情况。

（3）根据讨论结果与改进要求，再次完整表演游戏。

活动十 吹 泡 泡

（宁波市江东实验幼儿园 陈雨芬 执教）

 音乐材料设计

【乐 谱】

吹 泡 泡

[奥] 莫扎特曲

1=A 3/4

12 | 3423 1. 23 | 4534 2. 54 | 3423 1. 23 | 2321 7176 5712

3423 1. 23 | 4534 2. 34 | 51♭7 6♭65#4 6542 | 2. 32 1 ‖

【图 谱】

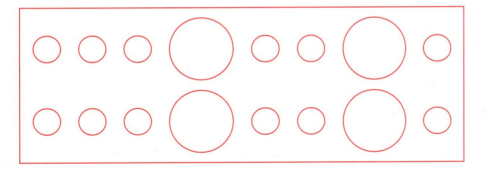

 活动目标

1. 通过欣赏《吹泡泡》的音乐，体会优美的旋律，乐意用身体动作表现乐句。
2. 能投入地参与欣赏活动，能大胆地进行表现。

 活动准备

1. 小鱼胸饰与海底场景布置。
2. 图谱。

3. 音乐CD。

活动过程

1. 理解音乐中乐句的长短。

（1）放音乐，游进活动室。

小鱼宝宝们，现在我们来到了漂亮的海底世界，这里将举行盛大的吹泡泡舞会，我们一起来吹一吹吧，边吹边找一个位置坐下来！（自由吹泡泡）

（2）可是舞会的主人告诉了妈妈，我们小鱼宝宝必须学会一项特殊的本领才能去参加哦！那是什么本领呢？就是听着一段优美的音乐来吹泡泡。

（3）我们先来听一听音乐吧！（第一遍欣赏音乐）

（4）妈妈吹一遍，提问：妈妈吹的泡泡有什么不同？为什么有大有小呢？

（5）教师分别哼唱大泡泡和小泡泡，提问：哪一句是小泡泡？哪一句是大泡泡？

（6）小结：短的乐句吹小泡泡，长的乐句吹大泡泡。

2. 画图谱理解音乐。

（1）刚刚小鱼宝宝吹的泡泡都看不见，现在妈妈要把它画下来，你们来吹，妈妈来画。

（2）妈妈在画下来的泡泡里又发现了另外一个秘密，请小鱼们仔细看上面的泡泡。提问：泡泡有几排？每一排都是怎么吹的？两排是一样的吗？

（3）小结：两段音乐是一样的，重复了一次。

（4）跟着妈妈的手势进行点图练习。

3. 找"尾音"。

（1）刚刚妈妈发现了小鱼宝宝们听着音乐都吹得不错哦，可是妈妈还发现了一个问题，发现了小鱼宝宝吹的泡泡有点破了，这样可就不漂亮了，什么时候泡泡该合起来了呢？

（2）仔细看着妈妈做一遍，妈妈是什么时候合起来的？突出哼唱尾音，有什么特别的地方？

（3）小结：哦，原来把泡泡合起来后那个音都是长长的。

4. 参加舞会。

（1）小鱼宝宝们，你们已经学会听着音乐吹泡泡啦，舞会的主人邀请我们赶快去参加呢。

（2）妈妈点图，小鱼宝宝吹。

（3）自己看着图谱吹。

二、中班欣赏教育活动设计实例

活动一 水 族 馆

（宁波江东实验幼儿园 卢 俊 执教）

音乐材料设计

【乐 谱】

水 族 馆

［法］圣－桑曲

$1=C \dfrac{4}{4}$

A段：

B段：

C段：

D段：

B'段：

【音乐结构分析】

大写字母表示段落，小写字母表示乐句。

A	B	C	D	B'
a b c d	a b c d	a b	a b	a b c d

【音乐内容形象设计】

以散文诗方式呈现：

A段：一条小鱼游来了，又有一条小鱼游来了，好多小鱼转着鱼尾巴游来了。

B段：水草也来了，她向小鱼儿打招呼，小鱼儿好，小鱼儿好。

C段：波浪也来了，他向小鱼儿、水草打招呼，小鱼儿、水草，你们好。

D段：小鱼儿一高兴表演节目了，她们表演吹泡泡节目。先吹大泡泡，再吹小泡泡。

B'段：水草看得高兴极了，波浪看得高兴极了。天黑了，小伙伴们都回家了。

【动作设计】

A段a的动作：左手手腕逆时针方向做圆周动作，左手手臂伸向正前方，平举到头顶，最后向左外侧慢慢放下。

A段b的动作：由右手重复左手的动作。

A段c的动作：双手同时做手腕圆周转动动作，双手从正前方到头顶，再从身体两侧转动着到大腿两侧。

A段d的动作：双手同时做手腕圆周转动动作，双手从正前方到头顶，然后不转动直接慢慢地放下。

B段a的动作：左手举过头顶，由高到低做手腕左右波动动作。

B段b的动作：右手举过头顶，由高到低做手腕左右波动动作。

B段c、d的动作：重复B段a、b的动作。

C段a的动作：双手臂由左到右划圈三圈。

C段b的动作：双手臂由右到左划圈三圈。

D段a的动作：左右手轮流向外做弹指动作，二个慢的、四个快的。

D段b的动作：与D段a的动作相同。

B'段的a动作：同B段a的动作。

B'段的 b 动作：同 B 段 b 的动作。

B'段的 c 动作：左右手同时举过头顶，由高到低做手腕左右波动动作。

B'段的 d 动作：双手滚动，由低到高，到头顶后慢慢从两侧垂下。

活动目标

1. 通过不同角色的动作表演辨别音乐的不同段落。
2. 合乐地完成不同角色的扮演。

活动准备

1. 对水族馆进行经验铺垫。
2. 音乐 CD。

活动过程

1. 教师朗诵散文诗，请幼儿为散文诗配上合适的动作。

（1）教师与幼儿讨论水族馆里会有些什么动植物。

（2）教师朗诵一篇关于水族馆里动植物的散文诗。

（3）教师分段朗诵，请幼儿为每段的散文诗配上合适的动作。

① 幼儿为第一段诗配动作，教师提升幼儿的动作。

② 幼儿为第二段诗配动作，教师提升幼儿的动作。

③ 幼儿为第三段诗配动作，教师提升幼儿的动作。

④ 幼儿为第四段诗配动作，教师提升幼儿的动作。

⑤ 幼儿为第五段诗配动作，教师提升幼儿的动作。

（4）在教师的带领下，全体幼儿根据散文诗的内容做动作。

2. 在音乐中，完成散文诗的上肢动作表演。

（1）分段播放音乐，教师与幼儿一起完成每一段动作的合乐问题。

（2）在音乐中跟着教师的散文诗朗诵，扮演各种动植物。

3. 在音乐中，请幼儿用全身扮演水族馆内的动植物，完成散文诗的全身动作表演。

（1）教师请幼儿在自己的座位边用全身动作表演一次散文诗。

（2）全体幼儿讨论由手上动作表演变成全身动作表演时会产生哪些困难，如何解决这些困难。

（3）根据大家建议的方法，再次进行全身动作表演。

活动二　小精灵的魔法汤

（杭州市西湖区学前教育指导中心　沈颖洁 设计并执教）

 音乐材料设计

【乐　谱】

小精灵的魔法汤

1=C 3/4

［奥］约翰·施特劳斯曲

A段：

（乐谱）

B段：

（乐谱）

A'段：

（乐谱）

$$\overset{\frown}{4\ -\ -\ |\ 4}\ 6.\ \underset{.}{2}\ |\ \overset{\frown}{2\ -\ -\ |\ 2}\ 1.\ \underline{3}\ |$$

$$\overset{\frown}{6\ -\ -\ |\ 6}\ 5.\ \underset{.}{7}\ |\ \overset{\frown}{1\ -\ -\ |\ 1}\ 0\ 0\ \|$$

【音乐作品结构分析】

大写字母表示大段落，小写字母表示小段落。

```
    A         B         A'
  ┌─┴─┐     ┌─┴─┐      ┌┴┐
  a  a'     a  a'       a
```

【图谱设计】

【故事设计】

  在森林里有一间小木屋，在小木屋里住着一个可爱的小精灵，她有个很神奇的本领，就是调制魔法汤。她先搅拌魔水，然后往魔水里放入魔药，再摇摇、看看魔瓶，最后搅拌魔水、放一点魔药，这样魔法汤就出来了。

【动作设计】

A段a：

不完全小节：右手食指点两下魔瓶，一拍一下。

1—8小节：右手食指指着魔瓶，由快到慢划圈，表示搅拌魔水。

9—10小节：右手自上而下往瓶子里扔魔药，即由拳头变成手掌，第9小节的重拍与手掌同步。

11—12小节：同9—10小节。

13—14小节：同9—10小节。

15—16小节：前面同9—10小节，后面两拍同不完全小节的动作。

A段a'：同A段a。

B段a：

第1小节：摇一下瓶子，摇的动作合第一拍重拍。

第2小节：同第1小节。

3—4小节：一只手把瓶子举起、看瓶子，举瓶动作合第3小节第一拍重拍，其余五拍不做动作。

5—8小节：同1—4小节。

9—12小节：同1—4小节。

13—14小节：第一拍休止不做动作，其余五拍每拍摇一次瓶子。

15—16小节：同3—4小节。

B段a'：同B段a。

A'段a：同A段a。

活动目标

1. 通过小精灵在研制魔法汤时的不同动作变化辨别音乐的段落与句子。
2. 合乐地完成魔法汤的研制过程。

活动准备

1. 用过的小的矿泉水瓶子，撕掉包装纸，装清水，人手一瓶。
2. 用过的小的矿泉水瓶子，撕掉包装纸，装清水，瓶盖上加颜料，人手一瓶。
3. 用于覆盖瓶子的方布（魔法布），人手一块。
4. 音乐CD。

活动过程

1. 教师讲故事,并在音乐中扮演小精灵研制魔法汤。

(1) 以讲故事的方式,把音乐内容呈现给幼儿。设置问题情境:小精灵是如何研制魔法汤的呢?

(2) 教师扮演小精灵并示范身体动作表演,请幼儿观察小精灵研制魔法汤需要做哪些事情?

(3) 请幼儿回答小精灵需要做哪些事情。

2. 幼儿学习研制魔法汤。

(1) 幼儿在教师的示范动作带领下,徒手完整地进行身体动作表演。

(2) 教师出示魔法汤研制的秘方(图谱),请幼儿观察秘方的奥秘。

① 教师根据秘方示范一遍魔法汤研制过程,请幼儿确认研制动作与图谱的匹配关系。

② 请幼儿根据秘方徒手研制一次。

③ 请幼儿分析秘方的几处奥秘。

3. 幼儿使用道具研制魔法汤。

(1) 提供给幼儿没有颜料的装水瓶子与魔法布,幼儿进行真实情境的魔法汤研制。

(2) 所有的瓶子没有出现有颜色的魔法汤,说明研制魔法汤的本领没有学到。教师与幼儿一起再次根据秘方讨论研制步骤,反思可能没有做到的几处奥秘。

(3) 提供给幼儿装有颜料的瓶子与魔法布,幼儿进行真实情境的魔法汤研制,所有幼儿成功研制出魔法汤。

活动三 魔术师圆舞曲

（浙江省省级机关北山幼儿园 吴燕飞 设计并执教）

 音乐材料设计

【曲谱】

魔术师圆舞曲

佚 名曲

1=C 3/4

A段：

(4 4 3 - | 4 4 3 - | 4 4 3 - | 4 4 3 -) | 4 4 3 - |

4 4 3 - | 4 4 3 - | 4 4 3 - | 3 - 1 | 3 - 4 3 |

2 - 7 | 7 - - | 1. 7 6 | 3 - 1 2 | 3 - - |

7 - - | 6 - 1 | 3 - 4 3 | 2 - 7 | 7 - - |

B段：

1. 7 6 | 6 - 1 2 | 7 - - | 7 - - ‖: 2 - 1 7 |

6 - 7 1 | 7 - - | 3 - - | 1 - - | 6 - - |

7 - - | 7 - - | 4 4 3 - | 4 4 3 - | 4 4 3 - |

4 4 3 - | 3 1 2 1 7 | 5 1 7 | 6 0 0 ‖

【音乐句段结构】

大写字母表示段落，小写字母表示句子。

引子　　　　　　　A　　　　　　　　B
　　　‖: 段落引子 a b c d :‖ 　　a b c d

【图　谱】

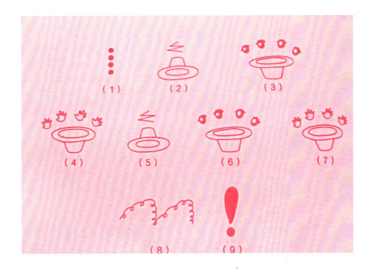

【动作设计】

A段引子：手持帽檐，跟着音乐的节奏左右摇摆四下。

A段a与b句：将帽子拿下，让观众检查帽子的动作。看一次一小节，收回一次一小节。

A段c与d句：一手持帽子，帽兜朝上放在胸前；另一只手做在空中抓魔法放进帽兜的动作。空中抓魔法一小节，把魔法放进帽子一小节。

B段a与b句：将帽子里面的花束拉出，收回，一句一个拉与回。

B段c句：与A段引子动作同。

B段d句：做向观众致谢的动作。

活 动 目 标

1. 通过魔术师出场、变魔术、结束魔术的动作表演，辨别与这些动作相对应的音乐的段落与句子。

2. 合乐地完成魔术师变戏法的扮演。

活 动 准 备

1. 魔术师帽子，人手一顶。

2. 帽子里面藏着一条能拉能收的纸做的花束。

3. 音乐CD。

活 动 过 程

1. 教师与幼儿讨论有关魔术师的事情。

（1）教师抛出下列问题，请幼儿讨论：魔术师是干什么的，什么叫魔术，魔术师变魔术时需要什么道具，魔术师有什么样的行头，你们有熟悉的魔术师吗？

（2）请幼儿做一下魔术师可能做的动作。

2. 教师合乐扮演魔术师，幼儿徒手学习。

（1）教师合乐地扮演魔术师一次，请幼儿观察这个魔术师做了什么事，变出的魔术是什么。

（2）幼儿回答教师的问题，并尝试着做一下魔术师做过的动作。

（3）幼儿在教师的示范动作带领下，徒手完整地进行身体动作表演。

3. 幼儿使用道具进行魔术师的表演。

（1）提供幼儿魔术帽，请幼儿扮演魔术师。

（2）呈现图谱，分析图谱的9个步骤与音乐的关系。

（3）根据图谱，幼儿再表演一次。

活动四　农夫与禾苗

（杭州市西湖区紫荆幼儿园　陈　燕　执教）

 音乐材料设计

【乐　谱】

农夫与禾苗
（瑞典狂想曲）

［瑞典］雨果·阿尔芬作曲

$1=G \quad \dfrac{2}{4}$

A段：

（乐谱）

B段：

（乐谱）

【音乐句段结构】

大写英文字母表示大段落，小写英文字母表示小段落。

```
        A                    B              A'
 ‖: a :‖ ‖: b :‖ a'     ‖: a :‖ b     ‖: a :‖ ‖: b :‖ a'
```

【故事设计】

　　农民伯伯扛着锄头到禾苗地干活去,走啊走来到了农田。他先是浇水然后松土干得很欢,干完活他又扛着锄头回家了。农民伯伯一走,禾苗们就从地里钻出来了,他们伸伸懒腰、晒晒太阳感觉好舒服啊。于是,小伙伴们手拉手玩耍起来。第二天农民伯伯又扛着锄头到地里来干活,看见禾苗们都破土而出,农民伯伯乐呵呵,他继续浇水松土,心里想着让禾苗长得更快。干完活农民伯伯又高高兴兴地扛着锄头回家了。

【动作设计】

A段：

农民角色。

a小段：

手做扛锄头动作,脚一拍一步行走。

b小段：

第1小节：双手斜举手心朝内抖动,半拍一次。

第2小节：双手斜举手心朝内抖动一次。

3—4小节：与1—2小节动作相同,表示浇水。

第5小节：双手做握铲状,第一拍用力铲土,第二拍把土翻过来。

第6小节：动作同第5小节,方向移向另一侧。

7—8小节：与5—6小节动作相同,表示松土。

a'小段：

动作同a小段。

B段：

禾苗角色。

a小段：

1—4小节：双手在胸前伸直合掌、双腿并拢下蹲,然后一拍一次,双掌左右移动并向上撑,双腿逐渐伸直,到最后双臂伸直双掌耸立。

5—6小节：完整地做一个伸懒腰的动作。

第7小节：朝身体一侧双臂伸直斜举。

第8小节：动作与第7小节相同,身体朝向另一侧。

b 小段：

1—2 小节：两个小伙伴双手对位，半拍一步小跑步转圈。

3—4 小节：两个小伙伴互拍对方的手，一拍一次。

5—6 小节：与 1—2 小节相同。

7—8 小节：双臂伸直合双掌，表示禾苗出土。

A'段：

同 A 段。

活动目标

1. 通过农民伯伯与禾苗角色的交替，辨别音乐段落的交替。
2. 在音乐中完成农民与禾苗的角色扮演。

活动准备

1. 在教室一角用大型积木搭建几堵墙，表示农民伯伯的家。
2. 请两位大班幼儿扮演禾苗。
3. 音乐 CD。

活动过程

第一课时　农民伯伯的角色扮演活动

1. 有关农民伯伯的经验铺垫。

（1）教师与幼儿讨论农民伯伯到农田去干活都会干些什么。

（2）请幼儿用身体动作表达农民伯伯所做的事。

2. 教师合乐扮演农民伯伯的角色。

（1）教师用身体动作表演乐曲第一段，请幼儿观察这一位农民伯伯到农田里都干了些什么活。

（2）通过提问、反馈、分句示范、同伴支架等教学策略，请幼儿尝试农民伯伯的所有动作。

（3）请幼儿坐在位置上跟着第一段音乐与教师的示范表演农民伯伯的动作。

3. 在教师的示范带领下，请幼儿站立扮演农民伯伯。

（1）幼儿独立地完成农民伯伯到农田干活的所有表演。

（2）讨论与评价表演情况。

（3）在改进建议的基础上再次完整扮演农民伯伯。

第二课时　禾苗与农民伯伯的角色扮演活动

1. 幼儿扮演农民伯伯合乐走路进教室。

2. 请两位大班幼儿合乐表演禾苗。

（1）请两位大班幼儿表演乐曲第二段禾苗的动作，请幼儿观察禾苗都做了一些什么事。

（2）通过提问、反馈、分句示范、同伴支架等教学策略，请幼儿学习禾苗的所有动作。尤其关注两个禾苗手拉手转圈这一移动动作。

3. 幼儿完整扮演禾苗。

（1）在教师示范带领下，幼儿站立原地进行禾苗动作的表演。

（2）教师撤离示范，幼儿独立地进行禾苗动作的表演。

4. 幼儿在教师语言指令带动下，原位进行全曲的表演。

5. 在情境中分角色表演。

（1）幼儿分角色表演：一半幼儿做农民伯伯，另一半幼儿做禾苗。

（2）讨论与评价表演情况。

（3）根据讨论建议，做出改进并完整地进行表演。

活动五 小兔子与大灰狼

（宁波市江东实验幼儿园 孙 捷、郁 磊 设计并执教）

 音乐材料设计

【乐 谱】

小兔子与大灰狼
（挪威舞曲）

［挪威］格里格曲

$1=A \dfrac{2}{4}$

（乐谱略）

【作品分析】

这是一首A、B、A三段体的乐曲。A段共三句，节奏跳跃欢快；B段四句加一个尾声，是急板、激烈情绪的风格。全曲句段结构简单、规整，很容易进入幼儿的音乐感受域，所以比较适合让幼儿进入探究式学习。

【图　片】

【图　谱】

【动作预设】

A段：

第一句：双手放头顶做兔子耳朵，两拍一跳，共跳四次。

第二句：双掌手心朝外，在嘴前往两边打开，表示闻花香，共做四次。

第三句：做摘蘑菇动作，共做四次。

B段：

第一句：小兔子拼命逃跑。

第二句：在第一拍做跑步的木头人造型。

第三句、第四句：与第一句相同。

尾声：轻拍自己的胸并发出"嘘"声，表示虚惊一场。

活动目标

1. 通过图片的观察与描述，理解内容情节。
2. 根据教师给出的内容情节，创编小兔子的动作。
3. 合乐有戏剧性地扮演小兔子的角色，体验戏剧性表演的快乐。

活动准备

1. 多媒体放映设备。
2. 教师扮演大灰狼需要的头饰，一位配班教师需要进行合作示范。
3. 音乐 CD。

活动过程

1. 第一段音乐的感受与表现。

（1）出示图片，引出兔子到公园玩的内容情节。

（2）请幼儿用身体动作表达兔子到公园玩的情节。

教师提问：兔子怎么到公园去玩，到了公园看到花可能会做什么事、怎么做？看到蘑菇会做什么事、怎么做？

（3）教师启发幼儿做动作并提升幼儿的动作。

（4）教师出示第一张图谱与第一段音乐，请幼儿在音乐中完成兔子所做的三件事。

● 边听音乐边做三件事，教师观察幼儿是否能把三件事在三个句子中完成。如果有部分幼儿出现三件事不能与三个句子对应的情况，教师需要第二遍甚至第三遍放音乐，直到幼儿感受到每件事都是用一个句子完成的为止。

● 当幼儿能把事与句子对应起来以后，教师提升幼儿的动作，使幼儿的动作合拍。兔子跳动作需要控制在两拍跳一次的频率，一拍一次容易使幼儿的情绪太兴奋。

2. 第二段音乐的感受与表现。

（1）教师把 A、B 两段音乐连起来放一遍。

● 幼儿扮演小兔子到公园玩，第二段开始，教师戴大灰狼头饰扮演大灰狼凶狠出场，小兔子们四处散开奔跑。

● 教师提问：小兔子再跑能跑得过大灰狼吗？（不能）那怎么办？

● 在总结幼儿想出的办法的基础上，教师提供逃过被大灰狼吃掉的办法：因为这只大灰狼年龄很大眼神不太好，所以，如果做木头人造型一动不动，大灰狼会认为是石头或树，或许可以逃过一劫。

（2）执教教师扮演小兔子，配班教师扮演大灰狼，两位教师合作示范表演。

● 教师提问：小兔子做了几次木头人造型？分别在每一句音乐的什么地方造型？大灰狼走了以后小兔子们做了什么事？

● 出示第二张图谱，请幼儿直观第二段音乐所做的事情与做的方式。

（3）放A、B两段音乐，教师扮演大灰狼，幼儿扮演小兔子合作表演。

3. 完整表现音乐。

（1）放A、B、A完整的三段音乐，教师与幼儿合作表演。

（2）讨论与评价表演情况。

（3）根据讨论结果改进后再次表演。

活动六　钟表魔法城

（宁波市江东实验幼儿园　赵汝杰 执教）

音乐材料设计

【乐　谱】

钟表魔法城
（切分的时钟）

［美］安德森曲

（乐谱略）

【作品分析】

音乐作品《切分的时钟》是由美国著名的作曲家安德森创作的，曲子采用回旋曲式写成，我们今天的活动中所采用的曲子是经过删减处理的，为了让孩子清晰段落，使得音乐形象更清晰，我们选取了较为明显的三个段落，即钟摆动—闹铃响—钟摆动。

【动漫图片】

【动作探究建议】

1. 对钟摆摆动的形象请幼儿用身体动作表达。

2. 引导幼儿用身体动作表现各种的钟表造型。

活动目标

1. 能听辨出乐曲 A、B、A 的结构，并能根据音乐形象用身体动作进行表现。

2. 能根据音乐形象选择相适宜的乐器为曲子伴奏，且能相互协作、节奏稳定。

3. 聆听《切分的时钟》，感受音乐所描绘的钟表的形象，体验轻松愉快的音乐情绪。

活动准备

1. 动漫图片：钟表魔法城各种各样的钟表。

2. 对各种钟表进行经验铺垫。

3. 音乐 CD。

活动过程

1. 出示 ppt 钟表魔法城场景引出音乐内容主题。

（1）教师：今天老师要带大家去一个有趣的地方叫"钟表魔法城"，你们觉得魔法城里会有什么？（许多钟表）

（2）教师：会有一些什么样的钟表呢？你能用动作表演一下吗？请你来做做动作。（引导幼儿回忆前期经验中的各种造型的钟）

2. 在动漫图片引导下进行动作探究。

（1）教师引导幼儿观察大钟的钟摆，请幼儿用动作表示钟摆的样子。

● 教师：瞧！魔法城上的钟怎么了？

● 我们能不能用身体动作来学学钟摆的动作呢？

● 你能用身体的哪个地方来当钟摆呢？

● 我们一起来学学他的钟摆走。（集体幼儿学做）

（2）教师引导幼儿观察各种各样的钟表图片，请幼儿用身体动作来表示各类钟表。

● 请幼儿用身体动作造型各类钟表，每种造型要求能让别人看出是什么钟。

● 每个幼儿尝试造型四种钟表。

3. 听音乐用语言与动作表达音乐形象。

（1）请幼儿听音乐，用语言表达这个音乐讲的是什么？

（2）把刚才钟摆的动作合上音乐表达出来。

（3）创编闹铃的动作，并把刚才的钟表造型在闹铃这一段音乐中加进去。

4. 用身体动作完整地表现音乐。

（1）全体幼儿跟着音乐做自己的身体动作。

（2）教师对身体动作的合乐提出要求。

（3）根据教师的合乐要求，幼儿再次用身体动作表现钟表。

活动七 赶花会

（宁波市江东实验幼儿园 潘群燕 执教）

【乐谱】

赶花会

选自中国经典民族音乐
大全《民族轻音乐专辑》

$1=C$ $\frac{2}{4}$ $\frac{3}{4}$

(3 - | 5613 6 | 6 - | 5 3 | 6532 1 | 23/2 - |

3 6 | 1. 23 | 36 21 | 6 - | 6 - | 66 36 |

A段：
66 36) | 66 3.2 | 3216 3.2 | 3/4 1232 2.1 63 | 2/4 66 3.2 |

3216 3.2 | 3/4 1232 2.1 63 | 2/4 6. 5 | 3. 53 | 2.1 2353 |

2 2 3 | 2321 6121 | 6 0 | (66 36 66 36) | 6 3.1 |

B段：
2. 3 | 5.6 51 | 2 - | 3 6 | 1. 2 | 7.6 535 |

6 - | 6 1 2 | 3. 5 | 6 | 51 | 3. | 1 61 |

A段：
2. 3 | 2 01 6121 | 6 0 | 66 3.2 | 3216 3.2 |

3/4 1232 2.1 63 | 2/4 66 3.2 | 3216 3.2 | 3/4 1232 2.1 63 |

2/4 6. 5 | 3. 53 | 2.1 2353 | 2 2 3 | 2321 6121 | 6 0 ‖

【作品与句段结构分析】

《赶花会》是一首优美的民族乐曲，全曲 A、B、A 结构，A 段乐曲欢快、跳跃，B 段乐曲较为悠扬，全曲基调欢快、热闹。以小鸭子去公园赏花的故事和动作还原音乐，比较贴近音乐的性质，也容易使孩子对欣赏音乐产生兴趣。比如小鸭子走起路来摇摇摆摆的动作是孩子们喜爱模仿的,也与A段音乐的第一部分音乐节奏吻合;到了B段悠扬的音乐出现时,花儿一朵一朵开放的动作也非常匹配;乐曲段落变换较为清晰,适合中班孩子欣赏感知乐曲的结构,同时也能激发起孩子随乐表现的愿望。

大写字母表示大段,小写字母表示小段,括号内的数字表示小节数。

```
引子              A              B            A'
      过渡句   a    b   过渡句   a    b      a    b
(6+5)  (2)   (6)  (6)  (2)   (8)  (8)    (6)  (6)
```

【音乐内容形象】

小鸭起床了,揉揉眼睛,伸伸懒腰,摆摆屁股。起床后,小鸭跟着鸭妈妈去赶花会,一路上又走路又游水。到了花会,小鸭看见好多花,有的花朵长得高,有的花朵长得低。看完了花会,小鸭又跟着鸭妈妈回家了,一路上还是又走路又游水。

【图　片】

【动作设计】

引子：

1—3小节：揉眼睛。

4—6小节：伸懒腰。

7—8小节：揉眼睛。

9—11小节：伸懒腰。

过渡句：扭屁股。

A段a：

1—3小节：学鸭子左右摇摆走路，一拍一摇。第3小节最后一拍做一个下蹲动作。

4—6小节：同1—3小节。

A段b：

1—6小节：做鸭子游水动作，一小节一次。

过渡句：扭屁股。

B段：

第1小节：双手在空中划一个大圆，表示看到一朵花。

第2小节：双手做花的造型。

后面小节：重复1—2小节的动作，区别在于每次花造型的位置要有高低变化。（教师将给予幼儿开花动作如何做到有层次、有方位的思路）

A'段：

同A段。

活动目标

1. 感受乐曲的旋律，理解乐曲A、B、A结构，分辨音乐不同的乐段并变换动作表现乐曲。

2. 运用方位和空间层次的不同创编各种花的造型动作，促进空间表达能力的发展。

活动准备

1. 花的不同方位和层次的实物操作。
2. 三幅相同方位不同层次开花的图片。
3. 教师画图示用的记号笔、纸。
4. 音乐 CD。

活动过程

1. 故事引入欣赏乐曲,感受乐曲的结构。

(1) 教师讲述故事:春天到,百花开,你看到什么花开了?小鸭子们今天就要到公园赶花会呢。它们走过小路,游过小河,来到公园,看到了各种各样的花争相开放。赏完花,小鸭们快乐地回家去了。

(2) 完整欣赏音乐一遍,提问:听听哪一段是小鸭去公园?哪一段是花儿一朵朵开放的情景?如果说小鸭去公园是 A 段,花儿朵朵开放就是 B 段,第三段呢?赶花会这首曲子一共有 A、B、A 三段。

2. 分段欣赏,并尝试用小鸭走路、划水和花儿不同方位、不同层次的开花动作表现乐曲。

(1) 尝试用小鸭走路、划水的动作表现 A 段乐曲。

① 倾听 A 段音乐小鸭走路划水音乐的变化,区分乐句,用上肢动作合乐表现。

② 跟随 A 段音乐完整地表现小鸭走路和划水去公园的场景。

(2) 尝试用不同方位和层次的开花造型表现 B 段乐曲。

① 倾听 B 段音乐分析乐句结构,并用开花动作表现每个乐句。

② 创编不同方位和不同层次的花朵造型。请个别幼儿做示范,教师结合实物操作和图片对比分析,梳理动作造型的方位和层次变化的思路。

③ 跟随 B 段音乐完整地、创造性地表现各种形态的花儿朵朵开放。

(3) 运用情景理解 A 段的再现,并用相同的动作表现乐曲。

● 花会结束了,小鸭们便开心地回家了。回忆动作并合乐表现。

3. 完整跟随乐曲做游戏。

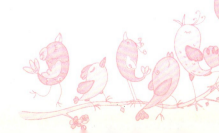

（1）乐曲的引子部分，幼儿想象小鸭出门打扮自己的情景和动作，并在教师的带领下合乐游戏。

（2）幼儿独立合乐参加游戏。

活动八 打 地 鼠

（宁波市江东实验幼儿园 陆 霞 设计并执教）

 音乐材料设计

【乐 谱】

打 地 鼠
（拨弦波尔卡）

[德]德立勃曲

【故事设计】

《机灵的小地鼠》

　　农夫把一年收获的粮食全藏在仓库里准备过冬，机灵的小地鼠们也忙着钻出鼠洞来仓库找粮食，这边闻闻那边啃啃。眼看粮食一点点少起来，农夫着急了，为了保护来之不易的粮食，农夫拿起榔头在仓库里一下一下地敲打着！"小心，榔头来了！""哦，放心，小地鼠可聪明了。"当农夫敲榔头的时候，它们马上抱头蹲下，农夫年纪大了，老花眼了，看不清那么小的地鼠到底在哪里，所以就没有打到小地鼠。

【图　谱】

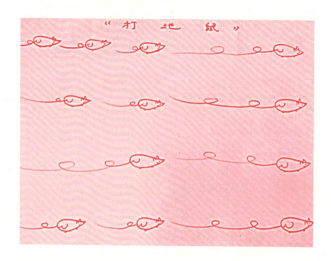

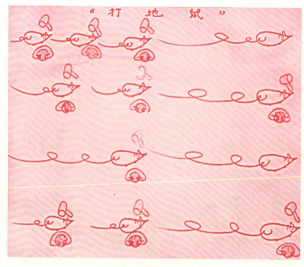

【动作建议】

前奏：地鼠和农夫都做准备动作，农夫起床背上榔头准备出发；小地鼠起床穿衣服背上大袋子钻出鼠洞准备找粮食。

农夫走，重音部分敲榔头；小地鼠边走边找粮食，重音部分抱头蹲下。

【游戏玩法建议】

1. 前奏时小地鼠做起床整理衣服背上大袋子的动作，轻轻钻出洞，要求：合着音乐做动作不发出声音惊动农夫。

2. 重音没出现时小地鼠快速地找粮食，当听到重音敲榔头时赶紧抱头蹲下。农夫在重音没出现时背着榔头到处找地鼠，听到重音对准小地鼠敲榔头，注意：如果小地鼠听到重音抱头蹲下了，农夫则不能敲小地鼠了。

3. 可以交换角色参加游戏。

活动目标

1. 感受乐曲神秘、跳跃的性质，借助图谱找出乐曲中重音部分从而把握乐句的结构。

2. 享受游戏的快乐，学习有克制地按规则进行音乐活动。

活动准备

1. 图谱两张。
2. 充气榔头若干。
3. 音乐CD。

活动过程

1. 倾听故事《打地鼠》。

（1）教师讲故事。

（2）提问：机灵的小地鼠想出了什么好办法不被农夫的榔头敲到？（抱头蹲下）

（3）我们也来试试这个方法。（全体做一次动作）教师念：打、打、打地鼠。

　　2.听辨音乐的重音，初步感受乐句结构。

　　（1）完整欣赏第一遍乐曲：我们躲过榔头还有一个好办法，那就是听音乐，音乐会告诉我们什么时候农夫敲榔头？（一个音稍微响一点、重重的，这样的音我们叫它重音）

　　（2）分析重音位置：在每个乐句的什么地方出现重音？我们一起来听听！——教师播放前奏和第一乐句：播放开始——14秒，共放三句。（乐句结尾的时候出现重音，这个音叫乐句句尾的重音）

　　（3）完整欣赏第二遍乐曲：每个乐句句尾都有这样的重音吗？我们一起来听听！

　　（4）完整欣赏第三遍乐曲：是不是这样呢？教师带来一张图谱，我们一起看着图谱来听听音乐，（出示图谱）原来一小句结束时，有重音农夫就敲了一下榔头，没有重音，就不用敲榔头了！

　　（5）完整欣赏第四遍乐曲：农夫请你们一起帮忙贴小榔头！（幼儿说，老师贴标志练习听重音敲榔头）

　　（6）教师：怎么会都有榔头？我们一起来听听哪里出错了？（哪几句没有重音，听音乐验证一下，幼儿粘贴错误时马上停下音乐纠正粘纸）

　　（7）完整欣赏第五遍乐曲：我们一起听音乐当农夫来敲敲小榔头吧！（握紧拳头，坐着做动作）

　　（8）我们给小地鼠抱头的动作也贴一下，提醒小地鼠吧！请幼儿贴！

　　小结：原来贴榔头的下面就是贴抱头的图片，我们一起来听音乐当个机灵的小地鼠吧！（站起来，穿衣、背包、钻洞）

　　3.跟随音乐游戏《打地鼠》完整欣赏第六、七遍乐曲。

　　（1）教师：这次农夫真的要来了，小地鼠怎样才能不让农夫的榔头敲到？前奏时我们要起床整理衣服背上大袋子，轻轻钻出洞，不要发出声音惊动农夫，注意要仔细听音乐，在他没敲榔头时要多背些粮食；当听到敲榔头时赶紧抱头不动，这样就不会让榔头打到了！还有一点，千万别跑，农夫的耳朵可灵了，一有跑动声，就能听出你在哪里！我当农夫，小地鼠们准备好！

　　（2）重复游戏：我年纪大了，想请3位小农夫帮忙一起来打地鼠，谁愿意帮忙？

（3）再请5位小农夫帮忙！

（4）交换一下地鼠和农夫的角色再做一遍游戏。

活动九 小象与蚊子

音乐材料设计

【乐　谱】

小象与蚊子
（宾　果）

美国传统音乐

$1=C$ $\frac{4}{4}$ $\frac{3}{4}$

A段：

(× | ×. × ×. × ×.) 5 | 1. 1 1. 1 1. 1 | 7. 1 2. 7 5. 5 |

B段：

2. 2 2. 2 2. 2 2. 2 | 1. 2 3. 2 1 — | 3 1 4. 3 2 |

2 7 3. 2 1 | 3 1 4. 3 2. 2 | 5. 5 6. 7 1 — |

C段：

$\frac{3}{4}$ 1 — — | 4 — — | 4 — — | 7 — — | 1 — (0 5) :||

D段：

$\frac{4}{4}$ 3 5 — 3 | 2 3 4 — | 4 6 — 4 | 3 4 5 — |

E段：

345 543 456 6 | 234 432 345 5 | 345 543 456 6 |

C'段：

234 432 1 — | $\frac{3}{4}$ 1 — — | 4 — — |

4 — — | 7 — — | 1 — — | 1 0 0 ||

【音乐句段结构分析】

根据需要，我们把此曲分为六段 A、B、C、D、E、C'，前奏除外，1—4小节为 A 段，5—8小节为 B 段，9—13小节为 C 段，14—17小节为 D 段，18—21小节为 E 段，从22小节到结束又回到 C' 段。

这首曲子的曲式结构分析图如下，其中大写字母表示段落，小写字母表示句子。

‖: A B C :‖ D E C'
　　a b a b　a　　a b a b　a

【故事设计】

一天，一只可爱的小象在森林里散步，这时飞来很多蚊子，它们"嗡嗡嗡"地叫个不停，叫得小象很烦。小象用鼻子赶蚊子，蚊子被赶跑了，小象很高兴，又开始散步了。这时蚊子又飞来了，还是"嗡嗡嗡"地叫个不停，小象很生气，又用鼻子赶蚊子。这次蚊子变聪明了，它们不叫而是直接叮小象：× ×× × －｜
　　　　　　　　　　　　　　　　　　　看 见了，叮，
× ×× × －｜叮完了，喝饱血了，蚊子高兴得跳起舞来了。这次
看 见了，叮。
小象真的是气得不行，猛地用鼻子赶蚊子，最后气得直跺脚。

【动作设计】

A段：

第1小节：双手十字相交垂下做象鼻子，第一、二拍左脚踏地双手同时移至身体的左边；第三、四拍右脚踏地双手移至身体的右边。

第2小节：双手弹琴状在腰间敲打一拍一次，共敲打三次，第四拍不做动作。

第3小节：同第1小节。

第4小节：同第2小节。

B段：

第1小节：第一、二拍双手上举，上举的同时摇动手掌；第三、四拍双手收回至胸前。

2—4小节：同第1小节。

C段：

第1小节：双手十字相交垂下做象鼻子，第一拍双手甩向左肩，第二、三拍收回。

第2小节：第一拍双手甩向右肩，第二、三拍收回。

3、5小节：同第1小节。

第4小节：同第2小节。

D段：

第1小节：双手伸出食指并拢放在胸前做蚊子的嘴，第一、二拍不动，第三拍突然向前伸出，第四拍收回。嘴里念：x　x x　x　-　｜
　　　　　　　　　　　　　　　　　　　看　见了，叮。

2—4小节：同第1小节。

E段：

第1小节：第一拍至第三拍，双手由胸前摇动着上举，举到双臂伸直为止；第四拍收回至胸前。嘴里喊：x x　x x　x⌢x　｜
　　　　　　　　　　　　　　　　高兴　高兴　高兴。

2—4小节：同第1小节。

C'段（结束段）：

除最后一拍外，同C段。最后一拍，双手叉腰，双脚跳起。

活动目标

1. 通过小象与蚊子的角色与动作变化感受音乐的句子与段落变化。
2. 合乐地扮演小象与蚊子。

活动准备

1. 图谱两张。
2. 充气榔头若干。
3. 音乐CD。

活动过程

1. 讲述小象与蚊子的故事。

　　（1）提问：小象散步几次？蚊子嗡嗡叫了几次？最后一次为什么不叫了？

　　（2）幼儿回答问题。

2. 教师在音乐中用身体动作表演小象与蚊子的故事。

　　（1）提问：小象做了哪些动作？蚊子做了哪些动作？

（2）幼儿回答。教师通过反馈、同伴榜样等策略使幼儿学习这些动作。

3. 幼儿完整地用身体动作表演小象与蚊子的故事。

（1）在教师示范带领下幼儿不分角色完整地表演故事。

（2）教师讲解小象甩鼻子处的注意事项。

（3）在教师的语言提醒下幼儿不分角色完整地表演故事。

4. 幼儿分角色表演故事。

（1）一半幼儿扮演小象另一半幼儿扮演蚊子，合作表演。

（2）讨论与评价表演情况。

（3）采纳大家评论的改进建议后，换角色再合作表演一次。

活动十 打扫扭扭扭

（宁波市象山县滨海幼儿园 沈丹依 执教）

 音乐材料设计

【乐 谱】

打扫扭扭扭

（意大利波尔卡）

[俄] 拉赫玛尼诺夫 曲

$1=G \dfrac{2}{4}$

（乐谱略）

【作品分析】

《意大利波尔卡》是一种源于欧洲波西米亚地区的民间舞曲，所以音乐风格富有动感及韵律。在曲式结构上是一首 A、B、C 结构的小乐曲,轻快的音乐节奏,给人带来了无比的轻松和快乐。

【图　谱】

【动作预设】

A段（拖地）：

第1小节：手做拖把拖地的动作，一拍上一拍下，一小节一个来回。

2—4小节：同第1小节。

第5小节：手做擦地动作，一拍二次。

6—8小节：同第5小节。

B段（刷马桶）：

第1小节：手捏鼻子，右手做刷马桶动作并转圈，一拍一次。

2—4小节：同第1小节。

第5小节：手捏鼻子，左手做刷马桶动作并转圈，一拍一次。

6—8小节：同第5小节。

9—16小节：同1—8小节。

C段（擦玻璃）：

1—4小节：拍两下腿，双手击掌一下，空中做擦玻璃的动作。

5—8小节：同1—4小节，方向随意。

9—16小节：同1—8小节。

活动目标

1. 通过动作表演、图谱分析来区分音乐的 A、B、C 三段。
2. 学习用拖地、刷马桶、擦玻璃的动作合拍地表现音乐。
3. 尝试合作表现音乐、体验音乐活动的快乐。

活动准备

1. 让幼儿了解打扫卫生时所需要使用的一些工具以及工具的用法。
2. 图谱一张。
3. 音乐 CD。

活动过程

1. 故事引导：回忆打扫卫生的主要动作。

（1）这几天我可忙了，我们搬新家了，可是我走进去一看，呀！地板上有好多灰尘，马桶里臭臭的，玻璃脏得都看不到外面了，你说这么脏的房子我应该怎么打扫呢？

（2）提问引导。

● 这三个地方可以怎么打扫？
● 你能用漂亮一点的动作来拖地吗？
● 你能用漂亮一点的动作来刷马桶吗？
● 你能用漂亮一点的动作来擦玻璃吗？

2. 观看表演，激发欲望。

（1）你们太厉害了，帮我想了那么多的办法，那我现在就去打扫我的新房子，看看我有没有把新房子打扫干净。

（2）教师跟随音乐徒手表演。

（3）"你想跟我一起打扫吗？那请你听听这首音乐一共有几段？"幼儿学做动作。

3. 理解音乐结构，分段表演。

（1）总的提问：这里一共有几段音乐？第一段在干吗？第二段在干吗？第三段在干吗？（根据幼儿的回答教师出示图谱张贴）

（2）学习第一段的表演。

● "第一段里的我是怎么拖地的？拖了几次？"（幼儿尝试）我们一起听着音乐来拖一拖吧！

● 我往哪几个方向拖过地了？正确方向是怎么样的？（观看分析图谱）我们再来听音乐试一次吧。

（3）学习第二段的表演。

● "第二段轮到打扫什么了？那我们一起来试一试。"

● "刚才我是怎么打扫的？刷了几次？（出示图谱）让幼儿模仿刷马桶的动作。

● "看图谱上先刷哪边？再刷哪边？一边刷几次？反复记号我们应该怎么做。"（听音乐看图谱，幼儿表演）

● "那你不看图谱心里数能不能做？"

（4）学习第三段的表演。

● 第三段轮到打扫什么了？（做相应的动作）

● 分析图谱：擦玻璃用到哪些动作？怎么用玻璃擦？擦几下？

● 放音乐看图表演。

● 不看图谱，心里数，试一次。

4. 看图完整表演。

（1）教师总结三段要做的事情。

（2）幼儿在教师示范引领下完整地表演。

（3）幼儿在教师语言提醒下完整地表演。

5. 尝试合作表演。

（1）巩固打扫之间的表演状态。

（2）"你能和好朋友合作来表演擦玻璃吗？"幼儿尝试合作。

（3）教师请一位幼儿进行合作表演一次。

（4）讨论与评价表演情况。

（5）根据改进建议，再次合作表演。

活动十一 三只小猪

（南京市三八保育院 陈静奋等设计并执教）

音乐材料设计

【乐 谱】

三只小猪
（山王宫殿）

1=E 4/4

［挪威］格里格曲

A段：

‖: 6̣7̣ 12 31 3 | 2̣7̣ 2 16̣ 1 | 6̣7̣ 12 31 36 | 53 13 5 — |

6̣7̣ 12 31 3 | 2̣7̣ 2 16̣ 1 | 6̣7̣ 12 31 36 | 53 13 5 — ‖

B段：转1=G

12 34 53 5 | ♭64 6 53 5 | 12 34 53 5 | ♭64 6 5 — |

12 34 53 5 | ♭64 6 53 5 | 12 34 53 5 | ♭64 6 5 — |

A'段：转1=E

6̣7̣ 12 31 3 | 2̣7̣ 2 16̣ 1 | 6̣7̣ 12 31 36 | 53 13 5 — |

6̣7̣ 12 31 3 | 2̣7̣ 2 16̣ 1 | 6̣7̣ 12 31 36 | 31 36 6 — :‖

尾声：

X X. X X. | X X XXXX X — | X X. X X. |

X X XXXX X — | X X. X X. | X X XXXX X 0 ‖

【音乐作品与句段结构分析】

此曲原名《山王宫殿》，为A、B、A三段体，全曲重复出现三次，但每次重复在音色、速度与力度上都做了较大的变化，所以，此曲在听觉上形成九段音乐加一个尾声的音乐结构效果。另外，每一大段音乐由重复的两小段组成，每次在音色、速度与力度的变奏上是成递进式的,即越到后面音色越复杂、速度越快、力度越强,到了最后一次A、B、A三段体的重复,无论是力度还是速度都到了紧张怪异的程度,全曲在快速、强力度中结束。此曲的句段结构分析如下:

‖: A　　　　　B　　　　　A' :‖　　尾声
　a a'　　　　a a'　　　　a a'

【音乐内容形象】

三只小猪分别造了稻草房、木头房与砖头房。大灰狼来了,推倒了稻草房,接着又推倒了木头房,但是怎么也推不倒砖头房。

【动作建议】

此曲A、B、A'三段结构重复两次,所以共有九段音乐。九段音乐动作安排如下:

第1段:合拍做打地基的动作。

第2段:合拍做搬材料的动作。

第3段:每句的前六拍做砌墙的动作,后二拍做房子造型。

第4段:同第3段。

5—6段:在圈中手拉手,表示房子造好了。

7—9段:大灰狼出来,围着房子转。

尾声:做四次推房子的动作。

活动目标

1. 合拍地进行身体动作表演。
2. 理解歌曲内容,为念白部分创编新的歌词。
3. 感受歌曲的诙谐与趣味,体验说唱歌曲的乐趣。

活动准备

1. 已经听过《三只小猪》的故事。
2. 播放多媒体设备。

活动过程

1. 与幼儿一起回忆《三只小猪》的主要角色与情节。

（1）角色：猪大哥、猪二哥、猪小弟、大灰狼。

（2）三只小猪做了什么事：猪大哥盖了一间什么房？（稻草房）猪二哥呢？（木头房）猪小弟呢？（砖头房）

（3）大灰狼。

2. 学做造房子。

（1）学做造房子的第一步——打地基。

（2）学搬材料。

（3）学做砌墙壁。

3. 学习在音乐中造房子。

（1）在教师示范动作带领下，在座位上学习造房子的合乐动作。

（2）围成一个单圈队形，在原地学习造房子的合乐动作。

4. 学习完整故事的表演。

（1）幼儿围成三个单圈，分别为三只小猪的房子。幼儿先完成造房子的情节，然后教师扮演大灰狼出现，推倒稻草房，再推倒木头房，最后推砖头房，但怎么也推不倒。

（2）幼儿与教师合作表演一次。

（3）讨论与评价表演的情况。

（4）根据改进建议，再次完整表演一次。

活动十二 巡 逻 兵

  音乐材料设计

【乐 谱】

巡 逻 兵
（胡桃夹子进行曲）

［俄］柴科夫斯基曲

1=C 2/4 4/4

A段：

（乐谱略）

B段：

（乐谱略）

【作品分析】

《胡桃夹子进行曲》来自舞剧《胡桃夹子》第一幕第一场中孩子们登场时的音乐。这段音乐兼有进行曲和双拍子舞曲的特点，轻快、活泼的旋律生动描绘了孩子们吹着小喇叭,昂首挺胸,神气十足的神态,同时也表现了孩子们活泼敏捷的性格特点。

下面为此曲的句段结构:

```
    A           B          A'
   ┌─┐                    ┌─┐
   a b          a         a b
```

【动作建议】

A段a:做双手胸前握枪的动作。

A段b:做瞄准目标准备射击的动作,在最后一拍做射击动作。

B段:做骑马颠簸的动作与用望远镜观察的动作。

A'段:同A段。

活动目标

1. 根据图片,用身体动作表现巡逻兵执行各种任务。
2. 在音乐中扮演巡逻兵。

活动准备

1. 从网上收集一些关于巡逻兵的照片。
2. 播放多媒体设备。

活动过程

1. 出示图片,讨论巡逻兵是干什么的,并用动作表示。

(1) 提问:巡逻兵是干什么的?

(2) 出示巡逻兵手握枪坐在马背上的图片。

● 提问:巡逻兵在干什么?

● 请幼儿用身体动作表演出来。

(3) 出示巡逻兵打枪的图片。

- 提问：巡逻兵在干什么？
- 请幼儿用身体动作表演出来。

（4）出示巡逻兵用望远镜观察周围的图片。

- 提问：巡逻兵在干什么？
- 请幼儿用身体动作表演出来。

2. 音乐播放时，在座位上表演巡逻兵执行各种任务的情节。

（1）教师跟着音乐完整表演一次，请幼儿把图片按教师表演的顺序排放。

（2）根据图片提示，幼儿在教师示范提醒下学习巡逻兵的表演。

（3）在教师语言提醒下幼儿完成完整表演。

3. 音乐播放时，在单圈队形中完成完整表演。

（1）教师用语言渲染巡逻兵执行任务的氛围，请幼儿围成单圈。

（2）在队形中全体幼儿完成完整表演。

（3）回到座位上，讨论与评价表演情况。

（4）根据改进建议，重新表演一次。

三、大班欣赏教育活动设计实例

活动一　和尚与老鼠

（宁波市宝韵音乐幼儿园　张　艳　设计并执教）

 音乐材料设计

【乐　谱】

和尚与老鼠
（三个和尚）

金复载 曲

$1=F$　$\frac{4}{4}$

A段：

（0 1　0 6　0 3　0 6 ｜ 0 1　0 6　0 3　0 6）｜ 1 3　2 3 2 3　1 3　2 ｜

5 1　1 7 6　1 2 1 2　1 3 ｜ 2 - - - ｜（X X　X X X　X X　X）：‖

转 $1={}^\flat E$

5 1　7 6 7 6　1 2　1 7 6 ｜ 1 7 1 7　1 2　3 3 2　3 4 ｜

5 - - - ｜（X　X　X X X X）‖

B段：

转 $1={}^\flat B$

5 ♯4 5 1　♮#4　5 ♯4 5 1　♮#4 ｜ 5 6 5 1　6 1 6 3　2 3 2 6　5 ｜

5 ♯4 5 1　♮#4　5 ♯4 5 1　♮#4 ｜ 4 5 4 5　4 5 4 5　♭7 1 7 1　7 1 7 1 ｜ 2 0 2　2 2　2　0 ‖

B'段：

转 $1=F$

5 ♯4 5 1　♮#4　5 ♯4 5 1　♮#4 ｜ 5 6 5 1　6 1 6 3　2 3 2 6　5 ｜ 5 ♯4 5 1　♮#4　5 ♯4 5 1　♮#4 ｜

5 6 5 6　1 2 1 2　3 0 3　3 3 ｜ 3　0　X　- ｜ X　0　0　0 ‖

106

【音乐句段结构】

大写字母表示段落，小写字母表示句子。

```
引子        A              B          B'
         a   a'   b      a    b     a    b
（2）   （4）（4）（4）  （2） （3）  （2） （4）
```

【图　谱】（第二段音乐）

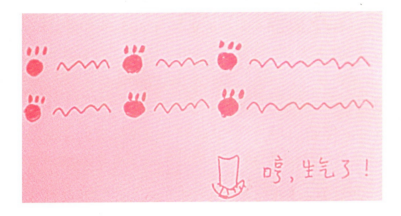

【故　事】

在一座山上有一座庙，在庙里只有一个和尚的时候，那个和尚一个人挑水喝；后来来了一个和尚，两个和尚就抬水喝了；后来又来了一个和尚，三个和尚就没水喝了。一群小老鼠看三个和尚不团结又懒惰，就出来取笑和尚，这次三个和尚团结起来把小老鼠吓晕了。

【动作设计】

全班分成和尚与小老鼠两组。

A段：

a：和尚组的幼儿做一个和尚挑水的动作。脚原地行走一拍一步，双手一前一后做挑水动作。间奏时，嘴里说"ⅹⅹ ⅹⅹ ⅹⅹ ⅹ"
一个 和尚 挑水 喝。

a'：做二个和尚担水的动作。脚原地行走一拍一步，双手放肩前做抬水动作。间奏时，嘴里说"ⅹⅹ ⅹⅹ ⅹⅹ ⅹ"
二个 和尚 抬水 喝。

b：和尚组的幼儿做和尚念经的动作。左手像课堂举手的动作一样举在那里，右手伸出一个食指按 X X X X 节奏型敲腿，表示在念经敲木鱼。间奏时，嘴里说

"X X X X X X X"
　三个 和尚 没水 喝。

　　小老鼠组的幼儿在第三句从洞里跑出来，到间奏时与和尚一起说

"X X X X X X X"
　三个 和尚 没水 喝。

　　B段：

　　第1小节：和尚组的幼儿继续做念经动作。老鼠组的幼儿双手握拳伸出两个食指放在嘴前，表示老鼠的嘴巴，然后按 X X　X X　X 节奏型啄和尚。

　　第2小节：和尚组的幼儿继续做念经动作。老鼠组的幼儿两个手掌手心向内伸开放在嘴前，按 X X X X 节奏型，做取笑和尚的动作。

　　3—4小节：同1—2小节。

　　第5小节：第一、二拍，和尚突然站立起来，站立动作合第一拍强拍；第三、四拍，和尚跺脚，表示愤怒，跺脚动作合第三拍次强拍。老鼠看着和尚做害怕发抖的动作。

　　B'段：

　　第1小节：和尚双手叉腰，按 X - X - 节奏型跺脚。

　　第2小节：老鼠双手做投降动作，脚步碎步往后退。

　　3—4小节：同1—2小节。

　　第5小节：第一、二拍，和尚做跺脚动作，跺脚动作合第一拍强拍。第三拍至最后，老鼠做吓晕倒地动作，倒地动作合第三拍次强拍。

活动目标

1. 通过不同角色的扮演分辨音乐作品的三个段落。
2. 在音乐中完成对和尚与老鼠角色的扮演。

活动准备

1. 一张图谱。
2. 音乐CD。

活动过程

1. 教师讲三个和尚与老鼠的故事。

（1）教师讲故事。

（2）请幼儿把三个和尚在故事里的表现与老鼠的形象用动作表达出来。

2. 在音乐中两位教师表演和尚与老鼠的故事。

（1）提问：和尚怎么做挑水、抬水、没水喝的动作？老鼠怎么跑出来挑逗和尚？

（2）幼儿用语言与身体动作回答教师的问题。

3. 第一段角色扮演。

（1）教师放第一段音乐，请幼儿用身体动作合着音乐表演一个和尚挑水、两个和尚抬水、三个和尚没水喝的情节。

① 教师提升、精练幼儿的动作。

② 幼儿合乐表演第一段。

4. 第二段角色扮演。

（1）执教教师与配班教师合作，完整地表演音乐作品。

提问：老鼠是怎么跑出来的？怎么挑逗和尚的？最后和尚做了什么事？

（3）在不分角色的前提下，通过提问、反馈、同伴支架、分句示范、念白、预令等策略，让幼儿理解并掌握以下身体动作细节：和尚做了什么事，是怎么做的；老鼠做了什么事，是怎么做的。（这些细节就是音乐的句子与段落变化）

（3）请幼儿扮演老鼠，表演老鼠的动作。

5. 完整扮演。

（1）不分角色，幼儿完整地表演整个故事内容。

（2）分成两组，分角色完整地表演故事内容。

活动二 吃苦头的狐狸

（南京市第一幼儿园 周宁娜 设计并执教）

 音乐材料设计

【乐　谱】

吃苦头的狐狸
（山王宫殿）

[挪威] 格里格曲

$1 = E \quad \frac{4}{4}$

A段：

‖: 6̣ 7̣ 1 2 3 1 3 | 2̇ 7 2 1 6̣ 1 | 6̣ 7̣ 1 2 3 1 3 6 | 5 3 1 3 5 — |

6̣ 7̣ 1 2 3 1 3 | 2̇ 7 2 1 6̣ 1 | 6̣ 7̣ 1 2 3 1 3 6 | 5 3 1 3 5 — ‖

B段：转 1＝G

1 2 3 4 5 3 5 | ♭6 4 6 5 3 5 | 1 2 3 4 5 3 5 | ♭6 4 6 5 —

1 2 3 4 5 3 5 | ♭6 4 6 5 3 5 | 1 2 3 4 5 3 5 | ♭6 4 6 5 — ‖

A′段：转 1＝E

6̣ 7̣ 1 2 3 1 3 | 2̇ 7 2 1 6̣ 1 | 6̣ 7̣ 1 2 3 1 3 6 | 5 3 1 3 5 — |

6̣ 7̣ 1 2 3 1 3 | 2̇ 7 2 1 6̣ 1 | 6̣ 7̣ 1 2 3 1 3 6 | 3 1 3 6 6 — :‖

尾声：

X X.   X X. | X X XXXX X — | X X.   X X. |

X X XXXX X — | X X.   X X. | X X XXXX X — ‖

【音乐作品与句段结构分析】

此曲原名《山王宫殿》，为 A、B、A 三段体，全曲重复出现三次，但每次重复在音色、速度与力度上都做了较大的变化。所以，此曲在听觉上形成九段音乐加一个尾声的音乐结构效果。另外，每段音乐又由重复的两小段组成，每次在音色、速度与力度的变奏上是成递进式的，即越到后面音色越复杂、速度越快、力度越强，到了最后一次A、B、A三段的重复，无论是力度还是速度都到了紧张、怪异的程度，全曲在快速、强力度中结束。此曲的句段结构分析如下，大写字母表示大段，小写字母表示小段。

‖: A   B   A' :‖   尾声
　 a a'　a a'　a a'

【故事】

　　狐狸偷偷地跟在鸡妈妈后面已经好多天了，他想吃鸡妈妈。鸡妈妈知道后与同伴一起想出很多办法，想让狐狸吃些苦头。这一天，鸡妈妈先在家里化妆打扮（A段a），然后系鞋带及出门（A段a'）。狐狸偷偷地跟在鸡妈妈后面，还东张西望（B段a），后来被耙狠狠地砸了一下（B段a'）；狐狸不顾疼痛继续跟着鸡妈妈，它先东张西望（A'段a），后来看见鸡妈妈拐到一座房子后面了，它跟了过去一拐弯却掉进了一个臭水池里（A'段a'）；狐狸不顾浑身的湿与臭，继续跟着鸡妈妈，它先东张西望（重复一遍A段a），后来被一袋面粉埋了（重复一遍A段a'）；狐狸不顾满脸面粉继续跟着鸡妈妈，它先东张西望（重复一遍B段a），后来又被埋进了稻草堆（重复一遍B段a'）；狐狸不顾浑身发痒继续跟着鸡妈妈，它先东张西望（重复一遍A'段a），后来发现鸡妈妈钻进了狭窄的篱笆，它也挤了进去，结果被卡住了（重复一遍A'段a'）；它拼命挤篱笆（重复二遍A段）；挤完篱笆无路可走，只有一条小河，它只好跳进河里游泳（重复二遍B段）；从河里上岸发现鸡妈妈又快回家了，就飞快地追赶（重复二遍A'段）；追到鸡妈妈家，发现已经关门，它拼命砸门，但门砸不开（尾声）。

【图 片】

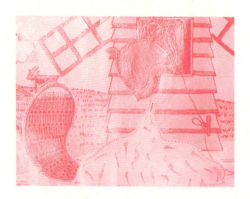

【动作设计】

A段为母鸡的动作，作为全曲的引子；后面八段与尾声都是狐狸的动作。

A段a：母鸡合着拍子做涂脸与涂口红的化妆动作。

A段a'：母鸡合着拍子做系鞋带、背包、出门的动作。

B段a：狐狸一步一拍往前走，最后二拍脚步停止，身体朝后看。

B段a'：狐狸一步一拍往前走，最后二拍脚步停止，手做一个拍打前额的动作，表示被耙砸。

A'段a：同B段a。

A'段a'：狐狸一步一拍往前走，最后二拍脚步停止，手做一个捏鼻子的动作，表示掉进臭水沟。

第一次重复A段a：同B段a。

第一次重复A段a'：狐狸一步一拍往前走，最后二拍脚步停止，双手抱头身体下蹲，表示被面粉埋。

第一次重复B段a：同B段a。

第一次重复B段a'：狐狸一步一拍往前走，最后二拍脚步停止，双手掌在头顶做一个尖三角形状，身体下蹲，表示被稻草埋。

第一次重复A'段a：同B段a。

第一次重复A'段a'：狐狸一步一拍往前走，最后二拍脚步停止，手臂平举一前一后，身体侧移，表示卡在篱笆上。

第二次重复A段：做身体侧移手臂平举一前一后的动作，两小节换一次方向，表示拼命挤篱笆。

第二次重复B段：做双手臂交替划水的游泳动作，表示狐狸在游水。

第二次重复A'段：做快速跑步的动作。

尾声：双手握拳敲门，然后用口呼手，表示手敲得很痛；再重复握拳敲门与呼手的动作；最后以强烈地敲门动作结束。

活动目标

1. 通过故事情节的转换识别音乐的大段落，通过"回头看"动作识别音乐的小段落。

2. 通过狐狸角色的扮演，上肢合拍地表演音乐。

活动准备

1. 一张图谱。

2. 音乐CD。

活动过程

1. 教师边出示图片边讲《吃苦头狐狸》的故事。

（1）讲述过程中请幼儿用动作表示狐狸所吃的每一个苦头。

（2）请幼儿用动作总结狐狸所吃的苦头，并按顺序用动作表示。

2. 教师合音乐示范表演《吃苦头狐狸》的故事，幼儿学习预令动作。

（1）在示范表演过程中请幼儿帮忙提醒吃苦头的动作。

（2）示范表演结束后提问：狐狸鬼鬼祟祟地总是做一个动作，是什么动作？（回头看）

（3）教师请幼儿学习"向后看"、"吃苦头"两个预令发出时的动作，并让幼儿掌握这些动作的合拍要令。

3. 坐在座位上模仿上肢动作表演。

（1）请幼儿坐在位置上扮演狐狸，在教师的示范表演与预令带领下，表演狐狸的所有动作。

（2）教师撤除示范，只在教师预令的指挥下，幼儿表演狐狸的动作。

（3）整个表演过程教师用语言提醒幼儿：手臂一上一下地合上音乐。

4. 请幼儿站起来在移动脚步的情况下，合乐表演狐狸的所有动作。

活动三 鞋子的舞蹈

（南京市游府西街幼儿园　郑姗姗　设计并执教）

【乐　谱】

鞋子的舞蹈
（闲聊波尔卡）

[奥] 约翰·施特劳斯曲

```
1 -  | 5̇ 6 | 1 -  | 5̇5̇ 5̇5̇ | 5̇5̇ 5̇5̇ | 1 2 3 4 |

5̇6 7̇1 | 1̇1 1̇1 | 1 5̇6̇7̇ | 1̇1 1̇1 | 1 5̇6̇7̇ |

1 5̇6̇7̇ | 1 5̇6̇7̇ | 1 0 | 1̇ - | 1̇ - ‖
```

【音乐句段结构】

大写字母表示大段，小写字母表示小段。

```
        A                A'
      ┌──┴──┐          ┌─┴─┐
      a b c            a  b
```

【故　事】

　　在城市的一个小巷里，有一个米格爷爷的鞋匠铺，里面住着米格爷爷和他可爱的小宝贝们。米格爷爷的手艺可好了，住在他附近的人们都愿意到他这儿来做鞋子。他这里有专门给高贵小姐准备的黑美人鞋，还有给可爱的小男孩的小叮当鞋，还有许多许多你想象不到的可爱、漂亮的鞋子。鞋匠铺里有个秘密，每天到晚上十二点的时候，就是米格爷爷睡着的时候，可爱的小鞋子们都会出来唱歌跳舞，玩得可开心了。

【动作设计】

A段：

A段a：表现两只鞋子跑出来站好的情节。开始准备动作：两腿并拢坐下，两只手掌垂直放在腿上，两只手掌表示两只鞋子。

1—4小节：一只手用食指与中指从腿靠近身体的里侧向外侧交替爬行，表示一只鞋子从鞋柜里跑出来。

5—8小节：手掌垂直放在腿上，表示鞋子停止跑步站立。

9—16小节：换一只手表示另一只鞋子跑出来，动作与1—4小节相同。

A段b：表示两只鞋子互相打招呼的情节。

17—20小节：两个小朋友面对面踏步。

21—24小节：两小节一次打招呼，先举右手打招呼，再举左手打招呼。

25—28小节：同17—20小节。

29—32小节：两小节一次侧耳倾听，先举右手至右耳旁倾听，再举左手至左耳旁倾听。

A段c：表示两只鞋子重新跑回鞋柜的情节。

33—40小节：两只手用食指与中指从腿离开身体的外侧向里侧交替爬行，表示两只鞋重新跑入鞋柜。

41—44小节：两小节一次侧耳倾听，先举右手至右耳旁倾听，再举左手至左耳旁倾听。

45—48小节：手掌垂直放在腿上，表示鞋子停在鞋柜中。

A'段：

A'段a：同A段a。

A'段b：同A段c。

活动目标

1. 通过上肢动作感受与理解三段音乐中句子与段落的重复特性，并能用下肢动作表达出音乐的重复。

2. 享受动作创编与同伴合作完成表演所带来的快乐。

活动准备

● 音乐CD。

活动过程

1. 讲故事，请幼儿猜猜鞋子们的秘密是什么。

秘密：每天到晚上十二点的时候，就是米格爷爷睡着的时候，可爱的小鞋子们都会出来唱歌跳舞，玩得可开心了。但是，只要听到米格爷爷任何的声音，鞋子们就赶紧跑回鞋柜。

2. 教师用手指动作合着音乐表演小鞋子们的秘密。

（1）教师用手指动作表演音乐。

（2）通过提问、反馈、同伴支架、分句示范等策略，使幼儿理解教师用两只手掌代表的两只鞋子，它们做了一些什么事情、是怎么做的？

（3）请幼儿也用两只手掌代表两只鞋子，把鞋子们玩耍的故事表达出来。（如果会表达，表示幼儿对音乐句子、段落的感受目标完成）

3. 请幼儿用身体动作造型不同的鞋子。

（1）请幼儿用整个身体进行鞋子的造型。幼儿自由造型，教师逐一猜猜都是什么鞋子。

（2）教师给予幼儿足够的时间，要求每一个幼儿至少能有三种鞋子造型。

（3）请几位幼儿连续造型三种鞋子。

4. 教师与一位幼儿合作进行身体动作的创编性表演。

（1）教师做一只鞋子的造型，请一个小朋友上来与教师做的鞋子配对。要求：请扮演第二只鞋子与教师扮演的第一只鞋子配上对，而且能够眼睛看眼睛进行交流。

（2）教师进行第二次、第三次造型，请这位小朋友连续进行配对。

（3）教师与这位幼儿合作用身体动作完整表演音乐。

（4）请幼儿评价教师与幼儿的表演情况。

5. 请六位幼儿上来分别扮演三对鞋子。

（1）请扮演第一只鞋子的三个小朋友连续做三次鞋子造型。

（2）请扮演第二只鞋子的三个小朋友练习配对。

（3）请三组小朋友完整表演音乐。

6. 全班幼儿一起表演。

（1）教师请喜欢扮演第一只鞋子的幼儿搬椅子当作鞋柜，留足间距坐好。

（2）请扮演第二只鞋子的幼儿在椅子后面站好。

（3）全体跟着创造性地表演。

（4）讨论、评价、总结表演情况。

（5）根据改进意见，再次换角色完整地表演一次。

活动四 打字机

【乐 谱】

打 字 机

[美] 安德森曲

$1=C \ \frac{2}{4}$

```
                    a
0      0 3 4 | 5 4 3 5  4 3 2 4 | 3 2 1 3  2 3 4 | 5 4 3 5  4 3 2 4 |
                b
3      0 1 2 | 3 2 1 3  2 1 7 2 | 1 7 6 1  7 6 7 | 1 7 1 2  3 2 3 #4 |
                    c
5      0 5 6 | 7 6 #5 7  6 5 #4 6 | 5 4 3 5  4 3 2 4 | 3 2 1 3  2 3 4 2 |
                    d
5      0 4 5 | 5 4 3 5  4 3 2 4 | 3 0  0 1 2 | 3 2 1 3  2 1 7 2 |
                e
3 0  0 1 2 | 3 2 1 0  0 2 4 | 3 0  0 2 4 | 3 0  0 2 4 |
                        f
3 0  0 2 4 | 3   0 7 2 | 1 7 6 7  1 7 1 2 | 3 2 1 2  3 2 3 4 |
5 4 3 4  5 4 5 6 | 7 6 5 6  7 5 6 7 | i  1 ‖
```

【音乐句段结构】

整个曲子就一段音乐,由引子与六句音乐构成,下面为句子结构:

    引子 a b c d e f

【音乐内容形象】

无固定的音乐内容形象,开放式地让幼儿探究。

【图谱设计】

由于没有音乐内容形象的预设,所以图谱设计中的图像就相对比较抽象,属于图形谱一类。

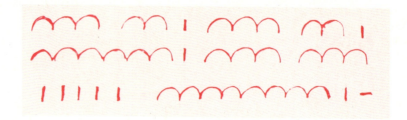

活动目标

1. 初听音乐时用动作表达音乐形象。
2. 在图谱帮助下，使原来创编的音乐形象具有细节内容。

活动准备

1. 图谱一张。
2. 音乐CD。

活动过程

1. 教师播放音乐，请幼儿联想：听着这段音乐你想到了什么。
2. 请幼儿自由地把自己的想法用动作表达出来，教师强调要合上音乐。
3. 请比较匹配音乐的幼儿进行表演。
4. 教师与幼儿讨论：表演这个音乐时主要的困难是什么。（音乐的句子很难）
5. 教师出示图谱，请幼儿徒手跟着音乐画图谱中的图形。
6. 教师与幼儿讨论：跟着音乐徒手画图形是否有困难。（音乐第一句合不上）教师给出引子部分的预令，（最后两拍说"开始"两字）帮助幼儿准确地进入第一句。
7. 当幼儿能比较准确地徒手画图形后，教师请幼儿把一开始自己表演过的身体动作，合上音乐后再表演出来。
8. 请与音乐比较匹配的幼儿上台展现他们的创造性表演成果。
9. 全体幼儿跟着音乐表演自己的创造性联想的动作故事。

活动五 按 摩 师

（南京市第一幼儿园　费　颖　设计并执教）

音乐材料设计

【乐　谱】

按 摩 师
（《动物狂欢节》终曲）

1=C 4/4　　　　　　　　　　　　　　　　　　　　　［法］圣－桑曲

音乐欣赏教育活动

A'段:

$\dot{3}$ 0 $\dot{3}$ 0 $\dot{3}$ 0 $\dot{3}$ 0 | $\dot{3}$ #$\dot{2}$ $\dot{3}$ $\dot{6}$ $\dot{5}$ $\dot{4}$ $\dot{3}$ | $\dot{2}$ #$\dot{1}$ $\dot{2}$ $\dot{5}$ $\dot{4}$ $\dot{3}$ $\dot{2}$ |

$\dot{1}$ 0 $\dot{1}$ 0 $\dot{1}$ 0 $\dot{1}$ 0 | $\dot{1}$ 7 $\dot{1}$ 4 3 2 $\dot{1}$ | $\dot{1}$ 7 $\dot{2}$ 7 7 6 $\dot{2}$ 6 |

6 5 #4 5 6 7 $\dot{1}$ $\dot{2}$ | $\dot{3}$ 0 $\dot{3}$ 0 $\dot{3}$ 0 $\dot{3}$ 0 | $\dot{3}$ #$\dot{2}$ $\dot{3}$ $\dot{6}$ $\dot{5}$ $\dot{4}$ $\dot{3}$ |

$\dot{2}$ 0 $\dot{2}$ 0 $\dot{2}$ 0 $\dot{2}$ 0 | $\dot{2}$ #$\dot{1}$ $\dot{2}$ $\dot{5}$ $\dot{4}$ $\dot{3}$ $\dot{2}$ | $\dot{1}$ 0 $\dot{1}$ 0 $\dot{1}$ 0 $\dot{1}$ 0 |

$\dot{1}$ 7 $\dot{1}$ 4 3 2 $\dot{1}$ | $\dot{1}$ 7 $\dot{2}$ 7 $\dot{2}$ $\dot{1}$ $\dot{3}$ $\dot{1}$ | $\dot{1}$ 7 $\dot{2}$ 7 $\dot{2}$ $\dot{1}$ $\dot{3}$ $\dot{1}$ |

C段:

7 1 2 5 1 2 3 5 | 7 1 2 5 1 2 3 5 | $\dot{4}$ $\dot{4}$ $\dot{4}$ $\dot{4}$ $\dot{4}$ $\dot{4}$ $\dot{4}$ |

$\dot{1}$ $\dot{4}$ $\dot{4}$ $\dot{4}$ $\dot{4}$ | $\dot{1}$ $\dot{4}$ $\dot{4}$ $\dot{1}$ $\dot{4}$ $\dot{4}$ | $\dot{1}$ $\dot{4}$ $\dot{4}$ $\dot{1}$ $\dot{4}$ $\dot{4}$ |

$\dot{5}$ $\dot{5}$ $\dot{5}$ $\dot{5}$ $\dot{5}$ $\dot{5}$ $\dot{5}$ | $\dot{2}$ $\dot{5}$ $\dot{5}$ $\dot{5}$ $\dot{5}$ $\dot{5}$ $\dot{5}$ | $\dot{2}$ $\dot{5}$ $\dot{5}$ $\dot{5}$ $\dot{5}$ $\dot{5}$ $\dot{5}$ |

$\ddot{2}$ $\dot{5}$ $\dot{5}$ $\dot{5}$ $\dot{5}$ $\dot{5}$ $\dot{5}$ | $\dot{3}$ 0 $\dot{5}$ 0 $\dot{1}$ 0 $\dot{3}$ 0 | $\dot{5}$ 0 $\dot{1}$ 0 $\dot{3}$ 0 $\dot{5}$ 0 |

$\underline{5}$ 0 $\underline{7}$ 0 $\underline{3}$ 0 $\underline{5}$ 0 | $\underline{7}$ 0 $\underline{3}$ 0 $\underline{5}$ 0 $\underline{7}$ 0 | ♭$\underline{7}$ 0 $\underline{5}$ 0 $\underline{7}$ 0 ♭$\underline{7}$ 0 |

D段:

5 0 3 0 5 0 ♭7 0 | ♭7 0 7 1 2 3 4 5 6 7 $\dot{1}$ $\dot{2}$ $\dot{3}$ $\dot{4}$ $\dot{5}$ $\dot{6}$ $\dot{7}$ $\dot{1}$ $\dot{2}$ $\dot{3}$ $\dot{4}$ $\dot{5}$ $\dot{6}$ $\dot{7}$ $\ddot{1}$ $\ddot{2}$ | (8va)

$\dot{4}$ 0 0 7 1 2 3 4 5 6 7 $\dot{1}$ $\dot{2}$ $\dot{3}$ $\dot{4}$ $\dot{5}$ $\dot{6}$ $\dot{7}$ $\dot{1}$ $\dot{2}$ $\dot{3}$ $\dot{4}$ $\dot{5}$ $\dot{6}$ $\dot{7}$ $\ddot{1}$ $\ddot{2}$ | $\dot{4}$ 0 $\dot{4}$ $\dot{4}$ $\dot{4}$ $\dot{4}$ $\dot{4}$ | (8va)

$\dot{3}$ $\dot{1}$ $\dot{3}$ 7 $\dot{3}$ 6 $\dot{3}$ ♭6 | $\dot{3}$ $\dot{2}$ $\dot{1}$ 7 6 5 4 3 2 3 4 5 6 7 $\dot{1}$ $\dot{2}$ | $\dot{1}$ 0 0 0 0 |

0 $\dot{3}$ 0 $\dot{3}$ | 0 $\dot{3}$ 0 $\dot{3}$ | 0 7 $\dot{1}$ 7 $\dot{1}$ 7 $\dot{1}$ 7 |

$\dot{1}$ 7 $\dot{1}$ 7 $\dot{1}$ 7 $\dot{1}$ 7 | $\dot{1}$ 0 $\dot{3}$ 0 | $\dot{1}$ 0 0 0 ‖

【作品分析】

这是圣-桑《动物狂欢节》十四首组曲中的最后一首，故称终曲。它是前面十三首音乐语汇的交糅总结，充满各类动物的形象。全曲为A、B、A'、C、D五段式,A段用断音刻画跳跃的形象,B段用半音音阶的上行滚动刻画连绵强烈的形象,C段用上下行琶音刻画袋鼠式跳跃的形象,D段用同音与大跨度音之间的对比刻画跨跃式蹦跳的形象。

【动作设计】

A段（揉脸）：

两小节为一组动作单位，做脸部揉拉动作。第1小节前两拍做一个揉脸动作，第1小节后两拍再做一个揉脸动作；第2小节前两拍做一个揉脸动作，第2小节后两拍双手做揉中带拉的动作。

B段（抖臂）：

a段，一句一个动作单位，第一句抖一只手臂，第二句抖另一只手臂，共四句抖四次手臂。

b段，一句一个动作单位，每一句同时抖双臂，共四句抖四次。

A'段：同A段动作。

C段（敲背）：

第一句，双手掌垂直交替敲背。

第二句，同第一句。

第三句，根据琶音由高到低的走向，按高低敲背。

第四句，同第三句。

D段（捶腿）：

第一句，双拳同时二拍一次捶腿。

第二句，双拳前二拍捶一次腿，后二拍在空中准备。

第三句，双拳轮流一拍一次捶腿。

第四句，做一个结束的动作。

 活 动 目 标

1.在音乐中能投入地扮演按摩师与顾客，做到礼貌周到。

2. 体验合作表演的快乐。

 活动准备

1. 关于按摩师的工作与按摩手法事先进行经验铺垫。
2. 一位配班教师扮演顾客。
3. 音乐CD。

 活动过程

1. 教师与幼儿一起讨论按摩师的按摩手法。

（1）教师提问：按摩手法有哪些？怎么说？怎么做？

（2）幼儿回答。

2. 教师设计自己开了一个按摩店，生意很忙的情境。

（1）讲述开了一个按摩店生意很忙，顾客很多。

（2）教师与配班教师合作表演。

①请幼儿观察店主是怎么为顾客服务的。

②店主用了哪些按摩手法？

③幼儿用语言与动作回答。

（3）教师与幼儿商量，请幼儿当学徒以便去按摩。

①店里生意那么好人手不够，你们愿意做我的徒弟帮我的忙吗？

②做徒弟就得先把本领学好。

3. 幼儿当徒弟学本领。

（1）教师与幼儿一起分析共按摩了哪些部位，用了什么按摩法。

（2）脸部按摩学习。

（3）手部按摩学习。

（4）背部按摩学习。

（5）腿部按摩学习。

（6）完成整套按摩手法。

4. 进入按摩店给顾客按摩。

（1）一半幼儿扮演顾客，一半幼儿扮演按摩师。强调按摩师要有礼貌，让顾客舒服的服务态度才使顾客愿意到店里来。

（2）讨论与评价角色扮演的情况。

（3）根据改进建议，换角色再次合作表演。

活动六 魔仙的指法

（杭州市胜利幼儿园　颜瑶卿 设计并执教）

 音乐材料设计

【乐　谱】

魔仙的指法
（化　石）

[法]圣－桑曲

$1=\flat B \quad \dfrac{4}{4}$

A段：

| 3 #4 #5 |
| 6 0 6 1 6 7 | 1 0 4 6 4 5 | 6 0 1 4 1 3 | 4 4 4 4 |
（弹奏法）弹 弹 弹 弹 弹　弹 弹 弹 弹，　弹 弹 弹 弹　弹 弹 弹 弹

3 0 6 1 6 7 | 1 0 4 6 4 5 | 6 0 1 4 1 3 | 4 4 4 3 #5 |
弹。　弹 弹 弹 弹 弹　弹 弹 弹 弹，　弹 弹 弹 弹　弹 弹 弹 弹

6 0 6 1 6 7 | 1 0 4 6 4 5 | 6 0 1 4 1 3 | 4 4 4 4 |
弹。　弹 弹 弹 弹　弹 弹 弹 弹，　弹 弹 弹 弹　弹 弹 弹 弹

3 0 6 1 6 7 | 1 0 4 6 4 5 | 6 0 1 4 1 3 | 4 4 4 3 #5 |
弹。　弹 弹 弹 弹 弹　弹 弹 弹 弹，　弹 弹 弹 弹　弹 弹 弹 弹

B段：

6 0 4 5 6 4 | 5 5 6 ♭7 7 | 6 - 1 7 6 1 |
弹。（点指法）点，　　　　动；　　　点，

7 7 6 #5 5 | 6 - 6 7 1 6 | 2 1 7 2 4 3 2 4 | 3 2 #1 3 5 4 3 4 |
动；　　点，　　　动；　　　　　点，

2 3 4 2 2 1 7 2 | 1 0 1 1 | 5 5 6 6 | 5 - 1 1 |
动。　　　　点　　点　点　点，　点

5 5 6 6 | ♭7 - 4 4 | 1 1 2 2 | 1 - ♭7 1 2 7 |
点　点　点　点，　点　点　点　点

A段：

6 1 1 ♭7 6 5 | 6 1 4 | 6 1 6 7 | 1 0 4 6 4 5 |
点　　点　　点。（弹奏法）弹 弹 弹 弹 弹　弹 弹 弹 弹

126

【作品分析】

《化石》这首作品选自圣-桑作曲的《动物狂欢节》，乐曲为A、B、A、C、A'的回旋曲结构，速度比较快。教师为幼儿设计了与音乐节奏和风格相吻合的动作和有趣的故事；创设了魔仙通过弹奏法、点指法解救王子和公主的故事情节。《化石》A段音乐急促、活泼的木琴敲击声好像是手指在弹奏动作，B段音乐犹如点指动作，C段音乐非常悠扬，设计为复活动作。这样的设计不仅降低了幼儿的认知难度，而且让幼儿带着积极的情绪体验进行活动。

【图　谱】

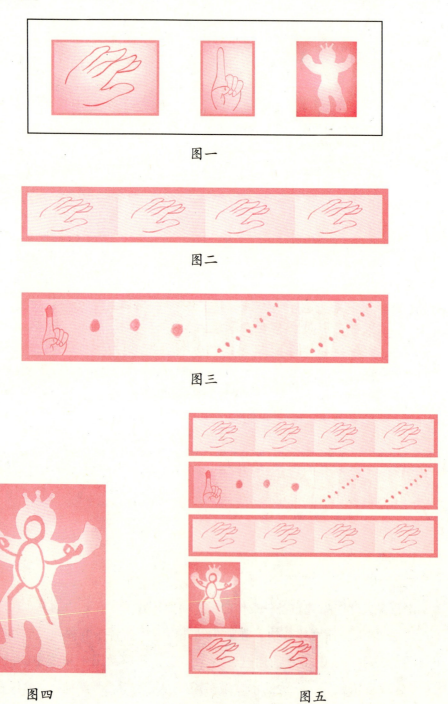

图一

图二

图三

图四　　　　　　　　　　图五

【动作建议】

游戏中共分两个角色，"魔仙"和"王子或公主"。

前奏："王子或公主"变好雕像准备。

"魔仙"的手指停在"雕像"的一个部位准备。

A段：

"魔仙"弹奏动作：

每个乐句：随音乐一只手的手指在身体的一个部位做：

"x x xx | x 0 xx xx | x 0 xx xx | x x x x | x 0"的节奏。（每一个
　弹 弹 弹弹 弹　　弹弹 弹弹 弹,　　弹弹 弹弹 弹 弹 弹 弹。

乐句换一个身体部位弹奏）

"王子或公主"动作：

每个乐句：魔仙在哪个部位弹奏，"王子或公主"的这个部位在每句音乐完后动一下，马上停住一动不动。

B段：

"魔仙"点指动作，"王子或公主"的动作：

前4拍魔仙点一下"王子或公主"身上的某一地方，王子或公主在后面的4拍就动一下，以上动作共重复4遍。

每两拍点一下，魔仙在"王子或公主"身上从低到高点8下，王子或公主的身体每被点一下后跟着动一下。以上动作重复2遍。

C段：

"王子或公主"复活动作，"魔仙"模仿"王子或公主"的复活动作：

前面8小节，身体随着音乐一扭一扭地动起来；（舒展的）接着9、10两小节，一只手动一下；11、12小节，另外一只手动一下；13小节，一只脚动；14小节，另外一只脚动。

A'段：

"魔仙"弹奏动作：

第一乐句：随音乐一只手的手指在"王子或公主"身体上激烈地弹奏：

"x x xx | x 0 xx xx | x 0 xx xx | x x x x | x 0"的节奏。
　弹 弹 弹弹 弹　　弹弹 弹弹 弹,　　弹弹 弹弹 弹 弹 弹 弹。

第二乐句："x x xx | x 0 xx xx | x 0 xx xx | x x x x | x 0"在"成功
　　　　　　弹 弹 弹弹 弹　　弹弹 弹弹 弹,　　弹弹 弹弹 弹,成 功。耶！

耶"的"耶"的时候摆合作造型。

"王子或公主"动作：

身体剧烈地晃动起来，在第二句"成功耶"的"耶"的时候和"魔仙"摆出合作造型。

 活 动 目 标

1. 感受乐曲的旋律和结构，并能用弹奏、点指、舒展等相应动作表现A、B、A、C、A'的回旋曲结构。

2. 通过故事情节、乐曲图谱和游戏情境让幼儿充分感受与表现，主动建构对音乐的认知。

3. 在两两互动学习中体验同伴合作、共同游戏的快乐。

 活 动 准 备

1.《化石》音频文件。

2. 观看各种各样的雕塑造型。

3. 乐曲图谱。

 活 动 过 程

1. 教师讲述故事引入。

教师：在很久很久以前，有位国王，他有一群活泼可爱的王子和公主，有一天王子和公主被坏心肠的巫婆用魔法变成了石头雕像一动也不能动了，国王很伤心，每天都在想办法解救他们，终于感动了天上的魔仙来解救他们。魔仙富有两种神奇的魔法，一种是弹奏法，另一种是点指法。

2. 完整地感受乐曲一遍。

教师：今天老师给小朋友带来了一首好听的音乐，音乐里说的就是魔仙解救王子和公主的故事，我们仔细地听一听。（播放完整音乐）

提问1：你听到音乐里魔仙好像在干什么？（弹奏、点指）

提问2：魔仙使用弹奏法、点指法后，王子和公主的雕像开始怎么样了？

根据回答出示弹奏、点指、雕像图示。

3. 尝试用弹奏、点指等动作表现A、B、C段乐曲，并出示相应的图谱符号。

（1）尝试用弹奏动作来表现A段乐曲。

① 尝试表现弹奏动作，并跟随教师辅助语言大胆地表现弹奏动作。

教师：魔仙是怎么弹奏的呢？用动作告诉我。现在我们的一只手就是魔仙富有魔法的手。

语令：×× ××｜× 0 ×× ××｜× 0 ×× ××｜× × × ×｜× 0（配以动作）
　　　　弹弹 弹弹 弹　　弹　弹弹 弹弹，　　弹弹 弹弹 弹 弹 弹 弹 弹。

② 跟随A段慢速音乐弹奏手臂动作。

教师：现在我们合着音乐来玩一玩弹奏法！（播放慢速A段音乐）

③ 跟随A段原速音乐弹奏手臂动作。

教师：这一次音乐变快了，有没有信心跟上？（有）（播放原速A段音乐）

④ 以够用原则创编随乐句弹奏身体的不同部位。

教师：除了在手臂上弹奏外，还可以在身体的哪些部位弹奏呢？（根据孩子的回答，选择相近的四个部位随A段音乐弹奏；播放原速A段音乐）

⑤ 展示A段弹奏法图谱。

教师：这段音乐弹奏法一共弹了几句？（4句）我们用四只弹奏的手表示四句。每一句换一个部位。

（2）尝试用点指动作表现B段乐曲。

① 尝试探索魔仙点指动作。

教师：魔仙会怎么样点指呢？（魔仙点一点，雕像就动了一动。我来点一点，

你们一起来动一动）

教师：音乐里魔仙有的时候点得慢，有的时候点得快。快是怎么点的，我们一起来点一点。

②边欣赏B段乐曲，边观看教师随音乐画图谱。

教师：现在我们一边听音乐一边仔细地看看音乐里魔仙是怎么样进行点指法的。（播放B段音乐）教师画图谱。

教师：音乐里魔仙慢的点了几下？（4下）快的每一次点了几下？（8下）快的重复了几次呢？（2次）都是从低往高点的。

③在身体上尝试随B段乐曲做点指动作。

教师：现在我们在身体上来试一试，注意什么时候点得慢，什么时候从低到高快点。（播放B段音乐）

（3）尝试用舒展的动作表现C段乐曲。

①教师和幼儿随乐表现C段音乐，并探索舒展动作表示"复活"。

教师：那么王子和公主又是怎么"复活"的呢？（播放C段音乐）先是身体动了，接着一只手动了，另外一只手也动了，脚动了。

②在雕像图上画复活的简单图示。

教师：先身体动了，接着四肢开始动了。

教师根据幼儿的回答在雕像图上画复活的简单图示。

4.借助图谱感受乐曲A、B、A、C、A'的回旋曲结构。

（1）跟随教师完整合音乐表现"魔仙的指法"故事过程。

教师：我们的手是魔仙富有魔法的手，我们的身体是王子和公主的石头雕像。我们一起来玩一玩，看看魔仙是怎样解救王子和公主的。（播放完整音乐）

（2）讨论随乐动作的先后顺序，并根据幼儿的回答出示相应图谱。

教师：魔仙先用了什么方法？（弹奏法）再用了什么方法？（点指法）接着又用了什么方法？

这时候王子和公主开始怎么样了？（复活了，动起来了）最后魔仙又使用了什

么方法？（弹奏法）

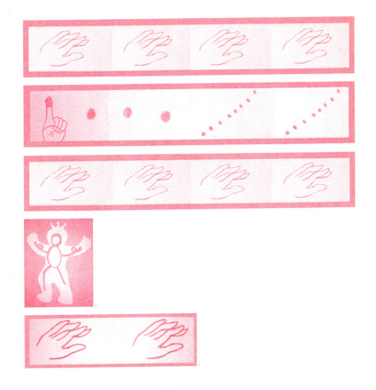

（3）探索 A 段音乐出现的次数和不同。

教师：音乐里的弹奏法出现了几次？（3次）每次一样吗？（不一样）什么不一样？（第一次和第二次的弹奏法都是四句，最后的弹奏法是红色的，只有两句，而且音乐比前面的要激烈）

（4）教师和幼儿合乐完整用弹奏、点指、舒展的动作表现故事情节。

教师：现在我们再来玩一玩，看看音乐里是不是和图上说的一样，弹奏的时候弹奏，点指的时候点指，复活的时候复活。（播放完整音乐）

5. 教师扮演魔仙，全体幼儿扮演王子或公主，互动游戏一遍。

（1）教师扮演魔仙，请一位自告奋勇者当王子或公主的雕像，演示魔仙弹奏法弹完一句，雕像动一下的动作。

教师：现在我先来当魔仙，你们来当王子和公主。魔仙在雕像的一个部位，弹完一句，这个部位就动一下，马上又停住不动了，请大家来试一试。（教师一边哼唱一边在幼儿手臂上弹奏完一句后，这位幼儿的手臂就动了一下，马上又停住不动了）

（2）教师扮演魔仙，全体幼儿扮演王子或公主，互动游戏一遍。

教师：我说变，你们就变成石头雕像一动不动了。看看魔仙会弹奏你的哪个部位，你又准备怎么动呢。（播放完整音乐；在复活的时候魔仙学学雕像动起来的样子）

6. 教师扮演公主，请一位幼儿扮演魔仙演示解救公主过程。

教师：看你们做得那么好，我也想来变雕像，谁来当魔仙解救我呢？

教师：你是魔仙，我是雕像，准备好了。注意在弹奏的时候弹奏，点指的时候点指，复活的时候学学雕像"复活"的样子。（播放完整音乐）

请幼儿评价：我们的表演怎么样？（动作和音乐很合拍，眼睛看着对方，魔仙学雕像复活的样子很认真）

7. 创设游戏情境，两两互动，（一位幼儿扮演魔仙，一位幼儿扮演公主或王子）合作表现。

（1）在位置上，一位幼儿扮演魔仙，一位幼儿扮演公主或王子，两两合作表现魔仙解救公主或王子。

教师：现在你也和旁边的好朋友来玩玩，商量好谁来当魔仙，谁当王子或公主。魔仙举手告诉我，王子公主举手告诉我，王子公主变造型，魔仙弹奏准备好了。（播放完整音乐）

提问：合作时有没有出现困难？

教师：魔仙和王子公主合作得这么好，解救成功了。在说"成功耶"的"耶"的时候摆出两两合作的造型，我来拍照。

（2）找空位置，两两合作表现魔仙解救公主或王子。

教师：现在交换一下角色，魔仙举手告诉我，王子公主举手告诉我，请王子公主到中间找空位站好了，变造型，有的高、有的低——魔仙准备好了。注意在说"成功耶"的"耶"时候摆出两两合作的造型。

活动七 狐狸与小鸡

（湖南省政府直属机关第一幼儿园　龙　霞　设计并执教）

 音乐材料设计

【乐　谱】

狐狸与小鸡
（忐忑）

[德] 老　锣曲

$1=C \dfrac{2}{4}$

(6 66 6 66 | 6 66 6 66 | 6 66 6 66 | 6 — | 6 66 6 66 |

6 66 6 66 | 6 66 6 66 | 6 —) ‖: 6̇1̇6̇1̇ 6̇535 | 6̇ — |

6̇1̇6̇1̇ 6̇535 | 6̇ 3 | 6̇1̇ | 2̇ 6̇1̇ 2̇ 6̇1̇ | 2̇3̇2̇1̇ 6̇ |

6̇1̇2̇ 6̇1̇2̇̇ | 5̇ — :‖ x x x x | x x x x |

B段:

‖: 3 0 3 3 3 0 3 3 | 3 0 3 3 3 0 3 3 | 3 0 3 3 3 0 3 3 | 3 0 |

(3 0 3 3 3 0 3 3 | 3 0 3 3 3 0 3 3 | 3 0 3 3 3 0 3 3 | 3 0) :‖

5 0 5 5 5 0 5 5 | 5 0 5 5 5 5 5 0 | 5 0 5 5 5 0 5 5 | 5 — |

5 0 5 5 5 0 5 5 | 5 0 5 5 5 5 5 0 | 5 0 5 5 5 0 5 5 | 5 — |

6 0 6 6 6 0 6 6 | 6 0 6 6 6 6 6 0 | 6 0 6 6 6 0 6 6 | 6 |

6 0 6 6 6 0 6 6 | 6 0 6 6 6 6 6 0 | 6 0 6 6 6 0 6 6 | 6 |

1̇ 0 1̇ 1̇ 1̇ 0 1̇ 1̇ | 1̇ 0 1̇ 1̇ 1̇ 1̇ 1̇ 0 | 1̇ 0 1̇ 1̇ 1̇ 0 1̇ 1̇ | 1̇ — |

```
i0ii i0ii | i0ii iii0 | i0ii i0ii | i -  |

2 3 5 6 | 3 5 6 i | 2̇ - | 2̇ - | 3̇ - |

3̇ - | 3̇ - | x - | 0  0 | 6066 6066 |

6066 6066 | 6 - | 6 - | 6 - ||
```

【故事设计】

　　小鸡出门去散步，狐狸发现了小鸡，悄悄地跟在后面，馋得直流口水。当小鸡走出农场后狐狸跳了出来："嘿嘿，看你往哪儿跑。"为了不被狐狸吃掉，小鸡赶紧想办法。首先，小鸡想到了比力气的办法，小鸡说"我的力气比你大"，狐狸跟着说"我的力气比你更大"。小鸡再想出比搞笑的跳舞动作的办法，想用搞笑的动作把狐狸逗乐。小鸡于是说"我的舞蹈跳得好"，狐狸跟着也说"我的舞蹈跳得更好"。小鸡接着又想到比嗓门的办法，小鸡伸长脖子喊"我的嗓门比你大"，狐狸也伸长脖子喊"我的嗓门比你更大"。它俩都扯着嗓门大声叫着，狐狸的尖叫声引来了猎人，猎人一枪就把狐狸打死了，小鸡终于得救了。

【游戏玩法建议】

前奏：鸡在前狐狸在后等待不动。

A段：鸡在前面走，狐狸在后面跟着。当听到狐狸的笑声时，狐狸跳到小鸡面前，挡住了小鸡的去路，并摆出想吃掉小鸡的很得意的样子。小鸡想办法，努力让自己脱离危险。

B段：小鸡想出与狐狸比赛的办法，先比谁的力气大，再比谁跳舞好，最后比谁的嗓门大。狐狸的尖叫声引来了猎人，当听到枪声后，狐狸倒在地上死了，小鸡得救了。

1. 创编乐曲中比力气、跳舞与嗓门的动作。

2. 能合拍合句子地用身体动作扮演狐狸与小鸡的角色。

活动准备

- 多媒体播放设备。

活动过程

1. 听故事。

（1）教师完整讲解故事。

（2）教师通过提问，帮助幼儿理顺小鸡与狐狸比试的内容与顺序。

① 小鸡想了什么办法来战胜狐狸？

② 比试了几个项目，顺序是怎样的？

③ 小鸡为什么要跟狐狸比嗓门大小？

2. 教师和幼儿共同完成第二段的动作与情节安排，配合上音乐。

（1）无音乐的第二段创编。

- 让幼儿创编比力气大小的动作。
- 让幼儿创编搞笑的跳舞动作将狐狸逗乐。
- 让幼儿创编比嗓门大小的动作。
- 教师和幼儿共同表演第二段的故事情节。

（2）加音乐表演第二段。

- 教师表演小鸡，幼儿表演狐狸，教师和幼儿合作表演一次。
- 教师和幼儿角色调换表演一次。
- 一半幼儿扮演小鸡，另一半幼儿扮演狐狸，表演一次。
- 幼儿角色调换表演一次。

3. 学习第一段加音乐的表演。

（1）学习小鸡出去散步的动作与音乐的配合。

（2）教师扮演小鸡，请狐狸在后面跟着。

（3）请幼儿集体扮演小鸡，教师扮演狐狸。

（4）一半的幼儿扮演小鸡，另一半幼儿扮演狐狸。

（5）幼儿角色调换表演一次。

4. 在音乐中完整表演故事。

（1）教师扮演小鸡，幼儿扮演狐狸的完整表演。

（2）幼儿扮演狐狸，教师扮演小鸡的完整表演。

（3）一半幼儿扮演小鸡，另一半幼儿扮演狐狸，完整表演。

（4）讨论与评价表演的情况。

（5）根据改进建议，调换角色完整地表演一次。

活动八 敲 敲 乐

（杭州市胜利幼儿园　颜瑶卿 设计并执教）

 音乐材料设计

【乐　谱】

敲 敲 乐

根据《蕲竹舞》改编
颜瑶卿、金广南 改编

```
┌ XXXX XX XXXX XX | 5 6 5 3 2.3 2 6 | 6.1 6 5 6 - |
└ X  -  X  -     | X  -  -  -      | X  -  X  - |
  （敲击）          （双手画圈）         （造型）

┌ XXXX XX XX X | XXXX XX XX X :|
└ X  -  X  -   | X  -  X  - :|
  （敲击）                    （从头反复）
```

【蕲竹舞图片】

图一

图二

图三

图四

图五

图六

第 一 课 时

活动目标

1. 感受乐曲的旋律和结构,并能用手敲击身体和敲击鼓面等相应动作表现 A 段的欢快与 B 段的强烈。
2. 在鼓手敲鼓的互动情境中,用手掌表现鼓面造型动作、鼓手击掌敲击来表现 B 段乐曲的应答句式。
3. 体验与同伴合作造型、敲击,共同游戏的快乐。

活动准备

1. 剪切好的音乐。
2. 观看各种各样鼓的造型。
3. 幻灯片。

活动过程

1. 故事导入。

教师:告诉你们一个好消息,今天我们来玩一玩敲鼓。在敲鼓前,我们先来敲敲身体做做热身运动。

2. 感受A段音乐，并随A段音乐来敲击身体的某个部位，做热身准备。

教师：我们可以用手敲身体的哪里呢？（根据幼儿的回答，随A段音乐敲击身体的一个部位）

3. 感受B段音乐，尝试用一只手掌当鼓面造型，另一只手敲击鼓面来表现B段乐曲应答的句式。

（1）出示一个鼓面的幻灯片，以够用为原则探索一个鼓面不同方位的造型动作。

教师：热身运动做好了，你们看变出了一个在上面的鼓，现在我们用一只手掌来变鼓，仔细看我是怎么变的。（教师示范变鼓动作，幼儿模仿）

教师：鼓除了在上面还可以在哪里呢？（全体幼儿根据回答做出用手掌向下、向左、向右的造型动作）

（2）欣赏教师随乐的表演，变一个鼓面的造型动作。

教师：现在我先来变鼓，看看我变了几次？（4次）每一次变得一样吗？（不一样）

（3）幼儿跟随教师表现一个鼓面的造型动作。

教师：我们一起来变一变，注意要做好准备，在变的时候马上变出来。（幼儿模仿练习一遍）

教师：第四次和前面变的有什么不一样？

教师：第四次变了很长时间停住的。（教师哼唱第四句，幼儿随乐表现第四次变鼓动作）

教师：前面三次是变出来马上停住的。（教师哼唱前三句，幼儿随乐表现前三次变鼓动作）

（4）跟随B段的慢速音乐进行一个鼓面的造型敲击动作。

教师：鼓变好了，让我们在一二、一二三四的时候来敲一敲，鼓变来变去好调皮，我们可一定要在敲之前先找到鼓面。

（5）跟随B段原速音乐进行一个鼓面的造型敲击动作。

教师：这一次我们的音乐有点快，有没有信心跟上？

4. 随乐表现A、B两段乐曲的敲击动作。

教师：现在我们将敲身体和敲鼓连起来玩一遍。

5. 尝试用两只手掌表现鼓面的造型动作，两两合作敲击。

（1）出示两个鼓面的幻灯片，尝试用两只手掌表现两个鼓面的造型动作。

教师：除了变出一个鼓外，还变出了什么？（两个鼓）怎么变？（幼儿表现幻灯上两个鼓面的造型动作）

教师：两个鼓除了这样变，还可以怎么变？（幼儿创编动作，教师积极模仿幼儿的动作）

（2）幼儿表现两个鼓面造型动作，教师用手敲击。

教师：你们的两只手都当鼓了，谁来敲呢？

教师：我来当鼓手，你们一定要变出让我敲得到的鼓。注意：这一次我不用动作提醒，你们可要自己变出各种各样有力量的鼓。（幼儿随乐变鼓动作，教师敲击鼓面，并发出"嘿嘿"的声音）

（3）幼儿一边发出"嘿嘿"声，一边表现鼓手敲击的动作。

教师：你们变出了那么多有力量的鼓，我也想来变鼓，你们来当鼓手"嘿嘿"敲一敲。（幼儿随乐练习空手敲击一遍）

（4）教师表现两个鼓面造型动作，幼儿敲击。

教师：现在我来变鼓，你们可别忘了"嘿嘿"为我敲击。

（5）请一位自告奋勇者上来表现两个鼓面的造型动作，教师用手表现击鼓面合作敲击动作。

教师：你们为我"嘿嘿"加油，我的鼓越变越有力量了，现在谁来当鼓，让我和他合作敲一敲。（教师与一位幼儿面对全体幼儿随乐合作造型、敲击一遍）

教师：你们觉得我们合作得怎么样？好在什么地方？（引导幼儿评价）

（6）幼儿两两合作表现两个鼓面的造型、敲击动作。

教师：现在请你们和好朋友一起来合作敲一敲，先商量好谁是鼓，谁是鼓手。（幼儿在位置上随乐两两合作造型、敲击第一遍）

教师：你们在合作的时候有没有遇到什么问题？

教师：现在请你们交换角色，再来玩一遍。（幼儿在位置上随乐两两合作造型、敲击第二遍）

教师：现在请你们和好朋友找个空位置商量好谁是鼓，谁是鼓手，这一次我们要连起来玩两遍，中间我们直接换角色。（幼儿找空位置两两合作表现乐曲两遍）

6.尝试合作表现一套鼓造型、敲击动作。

（1）出示并引导幼儿观察一套鼓幻灯片。

教师：这一套鼓，有的高有的什么？有的在前有的什么？有的在左有的什么？有的两个鼓在一起有的什么？

（2）请几位幼儿合作表现一套鼓的造型动作，教师进行敲击表演。

教师：谁来挑战变一套鼓呢？

教师：现在我来做鼓手，你们在变鼓的时候，马上合作变出鼓来！（教师和幼儿随乐表现鼓手敲击一套鼓的动作，教师要尽可能敲击到每一位幼儿变出的鼓面）

（3）幼儿分成三组，合作表现一套鼓的造型动作。

第 二 课 时

活动目标

1. 进一步熟悉乐曲的旋律和结构,并能跟随乐曲表现竹棍敲击身体和敲击竹棍的动作。

2. 在敲击竹棍的比赛情境中,尝试探索用一根竹棍进行造型,用竹棍敲击竹棍的动作来表现 B 段乐曲的应答句式。

3. 合作时能用眼神与同伴进行交流,体验使用竹棍进行游戏的乐趣。

活动准备

1. 每人一根竹棍。(幼儿人数)

2. 幼儿学过竹棍操,并探索使用竹棍进行各种造型。

活动过程

1. 复习敲击鼓的动作。

(1)教师和幼儿随乐进行敲击鼓的动作。

(2)两两合作进行鼓的造型、敲击动作。

2. 尝试探索用一根竹棍进行造型,用一根竹棍敲击的动作表现 B 段乐曲应答的句式。

(1)交代比赛内容。

教师:今天在这里要举行一场敲击比赛,会是什么呢?变变变,变出了一根什么?(竹棍)今天在这里就是要举行一场用竹棍进行造型、敲击的比赛。

(2)探索用一根竹棍进行造型的各种动作。

(3)创编用竹棍敲击竹棍的节奏型 x － x －;x x x x;x x x x x 。

(4)幼儿自选敲击节奏型,两两合作跟随 B 段音乐进行竹棍的造型和敲击动作。

3. 两两合作随A、B两段音乐进行竹棍敲击动作。

A段音乐，幼儿使用竹棍敲击身体部位，B段音乐轮换使用竹棍进行造型、敲击动作。

4. 将幼儿平均分成两组进行敲击比赛，每组其中一位幼儿当敲击手用竹棍进行敲击，其余幼儿用竹棍合作造型。

活动九　未出壳小鸡的舞蹈

 音乐材料设计

【乐　谱】

未出壳小鸡的舞蹈

1=F 2/4

［俄］穆索尔斯基曲

$\underline{3\ 4}\ \underline{5\ 6}\ |\ \underline{7\ \dot{1}}\ \underline{\dot{2}\ \dot{3}}\ |\ \underline{1\ 3}\ \underline{2\ 4}\ |\ \underline{2\ 4}\ \underline{3\ 5}\ |\ \underline{\dot{1}\ 3}\ \underline{2\ 4}\ |$

$\underline{3\ 4}\ \underline{4\ 5}\ |\ \dot{2}\ -\ |\ \dot{2}\ 0\ |\ \underline{\dot{2}\ 0}\ \underline{5\ 6}\ |\ \underline{\dot{1}\ 0}\ 0\ \|$

【作品句段结构与内容分析】

《未出壳小鸡的舞蹈》为三段体，大写字母表示段落，小写字母表示乐句，以下为句段结构图：

```
         A                    B                 A'
‖: a  a' 段尾 :‖      a  a'  b  c         a  b  a'  尾声
```

第一段a句的音响效果两音一组、一高一低，尖锐而突兀，有小鸡啄东西的感觉；b句则是由低音到高音的连贯走向，有小鸡扭屁股的感觉。第二段a、b、c三句在力度与紧张度上明显具有一句比一句强烈的递进感，似乎是这样一个过程：小鸡先稍慢轮流地动翅膀，然后同时动两边翅膀，最后用力并快速、同时动两边的翅膀。第三段是第一段的重复。

【音乐内容形象】

小鸡在壳里努力着想出壳，先用喙啄壳，再用屁股顶壳，然后用翅膀敲壳，再重复用喙啄壳、用屁股顶壳，最后根据尾声的音区下行特征，表明小鸡没有出壳，还得继续努力。

【动作建议】

A段a的动作：前4小节双手握拳，伸出食指放在嘴前表示是小鸡的喙。一拍一点头做啄壳动作。后4小节双手动作不变，二拍扭一次臀部，做拱壳动作。

A段a'的动作：与A段a的动作相同。

A段段尾：做垂头丧气状。

B段a、a'的动作：轮番压左右手肘，二拍一次。

B段b的动作：左右手肘同时压，二拍一次。

B段c的动作：左右手肘同时压，一拍一次。

A'段的动作：重复A段动作。

活动目标

1. 通过小鸡不同部分的动作表演感受乐曲的段落变化。
2. 在音乐中完成对未出壳小鸡的角色扮演。

活动准备

● 多媒体播放设备。

活动过程

1. 教师与幼儿讨论小鸡在出壳之前可能会做的事情。

（1）教师提问：小鸡在出壳之前可能会做一些什么事？

（2）幼儿回答。

（3）介绍音乐的内容形象。

2. 教师随乐用身体动作呈现小鸡在出壳之前所做的事。

（1）教师用身体动作表演小鸡的故事。

（2）教师提问：小鸡开始用什么部位、后来用什么部位的动作来帮助自己尽快出壳？

（3）通过反馈、同伴支架等方法，幼儿学习各个部位分散的动作。

3. 幼儿完整表演作品。

（1）幼儿在教师示范动作带领下完整表演。

（2）幼儿在教师语言提醒下完整表演。

（3）讨论与评价表演情况。

（4）根据改进建议再次表演。

活动十 狮王进行曲

音乐材料设计

【乐 谱】

狮王进行曲

[法]圣-桑曲

【作品句段结构分析】

大写字母表示段落，小写字母表示乐句。

```
                    A              B              A'
                 ┌──────┐       ┌──────┐      ┌──────────────┐
   引子           a    a'         a    a'       a ‖: b :‖ c
```

【图　谱】

【动作设计建议】

引子：狐狸走路，通报狮王驾到。

A段：狮王走路，一小节二拍走一步，一句走四步，共四句。

B段：每一句先狮王一声吼声，后小动物们点三次头，共四句。

A'段：

第一句：狮王一小节二拍走一步，共走四步，第四步一拍走路后一拍做吼叫动作。

第二句：狮王一小节二拍走一步，共走六步，第六步一拍走路后一拍做吼叫动作。

第三句：共走二步，第二步走路一拍吼叫一拍。

第四句：狮王站立不动，傲视所有小动物，小动物做鞠躬动作四次。

第五句：先狮王吼一声，后小动物们点头两次。

活动目标

1. 通过对图谱的徒手绘制，理解音乐的段落变化。
2. 通过集体讨论的方式，完成用身体动作扮演狮王与小动物的任务。
3. 合乐地扮演狮王。

活动准备

1. 图谱一张。
2. 多媒体播放设备。

活动过程

1. 与幼儿讨论狮王的英武样子，并让幼儿用身体动作表现狮王的样子。
（1）教师描述狮王的英武样子。
（2）请幼儿用身体动作自由表现狮王英武的样子。
（3）请个别特别有表现力的幼儿在全班幼儿面前展示他们的表演。
2. 出示图谱，根据图谱理解狮王与小动物见面的情节。
（1）边放音乐边看图谱，教师边讲解狮王出来与小动物见面的情节。
（2）请幼儿回答图谱中的符号与故事情节的关系：
① 狮子脚印表示什么？
② 弧线表示什么？
③ 竖线表示什么？
（3）请幼儿随着音乐徒手画图谱符号。
3. 在音乐中，让幼儿为狮王与小动物配上合理的身体动作。
（1）完成狮王的走路动作、吼叫动作。
（2）完成小动物的点头动作、鞠躬动作。
（3）在座位上用上肢动作不分角色地扮演狮王与小动物。
4. 教师和幼儿合作完整表演。

（1）教师表演引子部分的狐狸动作，幼儿不分角色表演狮王与小动物的动作。

（2）教师表演引子部分，一半幼儿扮演狮王，一半幼儿扮演小动物，合作完整表演。

（3）请一位幼儿扮演狐狸，一位幼儿扮演狮王，其余幼儿扮演小动物，教师用语言提醒情节，完整表演。

（4）讨论与评价表演情况。

（5）根据改进建议，全体合作再表演一次。

活动十一 鹬蚌相争

（浙江省象山县滨海幼儿园 鲍斐丹 执教）

音乐材料设计

【乐 谱】

鹬蚌相争

段时俊 曲
周珣、彭华 选摘

1=F 4/4

A段：
(6 2 5 - | 5 - - -) | 3. 5 2316 53 5 6 |
3. 5 6532 16 1 2 | 5 61 6165 3535 1276 | 2 35 1765 2 - |
3235 127 6 - | 3 61 6152 3 - | 1. 2 36 5643 2. 3 |
5612 352 1 - ‖ 2/4 61 6. | 6 - ‖: 3 23 3 23 | 2 12 2 123 |
2162 1651 | 6536 531 | 2. 35 | 6 - :‖ B段： ... C段：
5 3 2 7 | 5 3 2 7 | 6 5 3 2 | 0612 3 | 0612 3 - | 0123 5 | 5 0123 |
5 - | 0735 6 | 5 6 2 | 5 5 - ‖

【作品分析】

20世纪80年代水墨剪纸经典动画片《鹬蚌相争》（1983年出品），全片没有语言台词，基本属于默片，里面的配乐极富民族特色，形式优美，内容诙谐，细腻生动。我们将配乐的其中三个经典段落"蚌跳舞、鹬玩水飞翔、鹬蚌相争"截取出来，组合成结构清晰的A、B、C三段体的乐曲。整个乐曲形象鲜明，结构清晰，利于幼儿倾听、感受、理解和掌握，较适合大班幼儿通过多种方式来感受与探究音乐，感知和理解作品，并用手部动作大胆地表现音乐传递的有趣情境。

【音乐内容形象】

旁白：小河里住着一只蚌，河岸上住着一只鹬。

（配乐1起）

一天，蚌在河里乐悠悠地跳舞。

东边儿游啊游，西边儿游啊游，南边儿游啊游，北边儿游啊游；

唱着歌儿游啊游，跳着舞儿游啊游，游来游去真开心，累了就来歇一歇。（音乐止）

（配乐2起）

这时，鹬伸长嘴玩水啦！

东、啄、西、啄、神、气、十、足，飞，飞。好玩，再来！

东、啄、西、啄、神、气、十、足，飞，飞。（音乐止）

（配乐3起）

忽然，鹬发现了蚌，它扬起尖嘴，啄呀！啄呀！伸长脖子啄呀！啄呀！

蚌生气了，夹住鹬嘴！争来争去，争来争去，被渔翁一网打尽了！（音乐止）

旁白：这可真是"鹬蚌相争，渔翁得利！"渔翁高兴地说："今天的运气真不错，白得了两样好东西！"谢谢大家！

【图　谱】

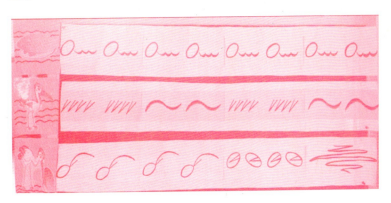

【动作探究建议】

1. 蚌的动作：虎口张开，四指并拢，一开一合表示蚌跳舞。

2. 鹬的动作：伸长手臂上举，食指拇指并拢表示鹬嘴，其他三指握紧。手臂向上伸展，表示鹬抬头；手肘弯曲落下，表示鹬低头玩水。

3. 鹬蚌相争的动作：左手表示蚌，右手表示鹬，跟随音乐做出鹬啄蚌、蚌夹住鹬的动作等。

活动目标

1. 感受音乐优美、风趣的旋律，能大胆地用语言与肢体表现音乐。
2. 结合图谱与故事提示，尝试手形舞表演，体验表演的快乐。

活动准备

1. 幕布一块。
2. 图谱。
3. 音乐 CD。

活动过程

1. 欣赏配乐故事。

（1）教师：孩子们，你们看过《鹬蚌相争》的动画片吗？今天，老师带来一个《鹬蚌相争》的故事，我们一起来听听吧。

过渡：孩子们，故事好听吗？刚才讲故事时配上了什么呢？对，配上了动听的音乐，这首音乐也是在讲述鹬蚌相争，我们来仔细听一听这首音乐一共有几段。

（2）完整欣赏音乐。

教师：这首音乐一共有几段？第一段是谁来了？第二段又是谁出来了？第三段发生了什么事？谁来说说？

（3）幼儿自由创编动作，练习动作。

故事里的蚌有扁扁的蚌壳，谁会用手来表演蚌？用一只手能表演蚌吗？

故事里的鹬有长脖子和尖嘴巴，谁会用手来表演鹬？用一只手能表演吗？

2. 观看教师幕布后表演。

3. 理解音乐结构，分段学习表演。

（1）学习第一段表演。

① 我们先把这只手变成小河蚌，乐悠悠地跳个舞吧。第一段音乐当中，蚌是

听到什么特别的声音时,一下子张开蚌壳的?

② 老师还带来了蚌跳舞的图谱,让我们去找找"蚌"藏在哪里。

③ "蚌"藏在哪?波浪线表示什么?我们看着图谱再表演一遍吧。

(2)学习第二段表演。

① 我们用另一只手变成神气的鹬,开心地玩玩水,飞一飞。我们要比比谁的小耳朵最灵,能听出第二段音乐中,什么地方是鹬玩水?什么地方是鹬在飞?

② 接下来我们到图谱里找找什么地方是鹬玩水?什么地方是鹬在飞?

③ 让我们看图谱表演一遍。

④ 这回,我们增加难度,你们自己听音乐表演鹬玩水和鹬飞翔。

(3)学习第三段表演。

① 接下来,我们一起来表演一下第三段音乐。

② 让我们打开图谱来看看,第三段音乐发生什么事?

③ 让我们看着图谱表演一遍。

(4)幼儿完整练习。

4. 幼儿表演。

(1)幼儿分两批幕布后表演。

小结:今天我们学习的这种合着音乐,用手的动作来表演的舞蹈,叫做"手形舞",说说看。

(2)尝试合作表演。

教师:这个手形舞还可以两个人合作表演呢。下面,请小演员们去场下找客人,老师做搭档,一个扮演鹬,一个扮演蚌,合作表演。

活动十二 赛 马

(杭州市西湖区紫荆幼儿园 陈 燕 执教)

 音乐材料设计

【乐　谱】

赛　马

黄海怀曲

$1=F\ \dfrac{2}{4}$

A段：
(谱略)

B段：
(谱略)

【音乐句段结构分析】

以下大写字母表示大段落，小写字母表示小段落，文字部分是身体动作表达音乐风格的概要提示。

A		B			A'
a	b	a	a'	a"	a
引子+抽马鞭	摇晃+语言	拉弓	跳弓	拨弦	引子+抽马鞭+收马头

【图　谱】

【动作设计】

A段：

A段a，所有动作由教师完成。

1—8小节：为引子部分。教师原地摆骑马动作，身体左右轻微摇摆，一小节一摇摆。

9—12小节：第一次抽马鞭。右手由上而下、由身前向身后猛烈地一抽。抽马鞭动作合第9小节强拍，其余时间身体左右摇摆，手的姿势保持抽好马鞭的姿势。

13—16小节：同9—12小节。

17—20小节：同9—12小节。

21—24小节：同9—12小节。

A段b，所有动作由幼儿完成。

1—8小节：为摇晃部分。双手臂交差放在胸前，动作像小学生认真听课的动作一样；身体左右摇晃，一小节一摇晃。

9—16小节：为语言部分。双手摊开放至身前小腹位置，手心朝上；嘴里喊：

x x | x - | x x | x - | xx xx | x x | x - ‖
小 朋 友，　　快 快 来，　　草 原 比 武 开 始 了。

B段：

所有动作由幼儿完成，最后可以分为三组，一段由一组幼儿表演。

B段a，骑马动作。

1—4小节：双手握拳在胸前，一拍一次压手腕做骑马动作。

5—8小节：同1—4小节。

9—12小节：左手动作不变，右手食指伸出、高举，做挥鞭动作。

13—16小节：前半句同9—12小节，后半句右手自上而下，做一个抽鞭动作，抽鞭动作合15小节的强拍。

B段a'，跳舞动作。

1—4小节：双手臂伸直、侧高举，身体两小节摇摆一次。

5—8小节：同1—4小节。

9—12小节：双手手腕靠拢，手掌做花状放至下巴处，身体一小节摇摆一次。

13—16小节：同9—12小节。

B段a"，射箭动作。

1—4小节：1、2小节，双手握拳从眼前开始逐渐上下拉开，拉开动作合第一小节强拍；3、4小节，左手不动，右手伸开手掌左右抖动。

5—8小节、9—12小节、13—16小节：同1—4小节。

A'段a，所有动作由教师完成。

1—12小节：引子部分。原地做骑马动作，身体左右摇摆，一小节一摇摆。

13—16小节：抽马鞭动作。右手由上而下、由身前向身后猛烈地一抽。抽马鞭动作合第9小节强拍，其余时间身体左右摇摆，手的姿势保持抽好马鞭的姿势。

17—20小节：同13—16小节。

21—24小节：同13—16小节。

25—28小节：同13—16小节。

29—30小节：双手臂伸直逐渐由低向高举起，表示收马动作，嘴里同时喊"唷——"的声音。

第31小节：把"唷——"尾音强调一下。

活动目标

1.通过图谱的观察与描述，理解内容情节。

2. 根据教师给出的内容情节，创编B段三种比赛的动作。

3. 在B段能够在教师的指导下分组进行随乐律动。

4. 能够在随乐律动中体验歌曲轻松、欢快的情绪特征。

活动准备

1. 图谱一张。

2. 有关蒙古族的相关知识进行经验铺垫。

3. 音乐CD。

活动过程

1. 整段音乐的感受与表现。

（1）教师提问：今天老师带大家来到大草原上参加各种比赛，让我们仔细听、仔细看，我们是怎么去大草原上的，参加了哪些比赛，又是怎样回家的？

（2）完整播放音乐。

（3）教师根据孩子们的回答做出最后总结：他们是从家里出发，甩了4下马鞭，在草地上休息了一会儿，参加了骑马比赛、跳舞比赛、射箭比赛，然后累了在马背上休息了一会儿，甩了四下马鞭回家了。

● 追问：回家的时候怎么让马停下来？（"驭"——加身体动作）

● 追问：那甩马鞭的时候嘴巴里会说什么？（"驾"——加身体动作）

（4）再次播放完整音乐，在甩马鞭和驭的地方发出声音并做出动作。

2. B段音乐的动作表达。

（1）B段音乐的身体动作探究。

● 教师提问：骑马比赛我们可以怎么做？（必须有甩鞭和驾驭缰绳的动作）

跳舞的动作可以怎么做？（选2个大家公认好看的）

射箭的动作可以怎么做？（必须有拉弓用力准备的动作）

● 每一组动作探究完后，在教师的哼唱下完整练习一次。

（2）B段音乐的动作表达。

● 跟着B段音乐完整地表演一次。

3. 完整表现音乐。

（1）看着图谱，不分组进行表演。

（2）看指挥，分组循环进行表演。（至少三次）

注：每次表演的次数根据此次幼儿的表现决定，如果表演流畅，一遍就可以；如果有问题，与幼儿一起进行讨论，根据讨论结果改进后再次表演，直到流畅为止。

活动十三 小猴坐沙发

(南京市游府西街幼儿园 杨 静 设计并执教)

【音乐材料设计】

【乐 谱】

小猴坐沙发
(甩葱歌)

佚 名曲

$1=\flat B$ $\frac{2}{4}$

A段：

```
0.6 ‖: 3 6  6. 7 | 1166 6 61 | 7 5  5 5 | 7 6  6 66 |
     3 6  6. 7 | 1166 6 61 | 3332 1 17 | 1 6  6 61 |
     3 3  2 1 | 7 5  5557 | 2222 1177 | 1 6  6 66 |
     3 3  2 1 | 7 5  5 57 | 2222 1177 | 16 6  6. 6 :‖
```

B段：

```
‖: 3 6  6. 7 | 1166 6 61 | 7 5  5 5 | 7 6  6 66 |
   3 6  6. 7 | 1166 6 67 | 3332 1 17 | 1 6  6 61 |
   3 3  2 1 | 7 5  5557 | 2222 1177 | 1 6  6 66 |
   3 3  2 1 | 7 5  5 57 | 2222 1177 | 6     6   :‖
                                              D.C.
```

【故事设计】

　　小猴子在家很无聊，就想找猴小妹去玩，他们在一起玩了相互挠痒痒的游戏，玩累了。猴哥说我们坐下休息一会儿吧，猴小妹说坐哪里呢？猴哥想了想说我变个沙发给你坐好吗？猴哥就想想想想变，变了一个沙发出来。猴小妹就看看看看坐，小心地坐上去，摇了摇很舒服。猴小妹也变了一个沙发给猴哥坐，他们玩得可开心了。

活动目标

1. 尝试用创造性的动作表现不同的沙发造型。
2. 合乐地合作完成"猴子坐沙发"的故事情节。
3. 在两两合作坐沙发的环节能与同伴共同合作，能爱惜和保护自己的沙发。

活动准备

● 音乐CD。

活动过程

1. 教师讲小猴子变沙发的故事。
2. 根据故事内容幼儿创编相应的身体动作，教师提升动作。
   （1）猴子走路的动作。
   （2）猴子挠痒痒的动作。
   （3）猴子变沙发的动作。
3. 合乐地用身体动作表演小猴子变沙发的故事。
   （1）幼儿在教师的帮助下完成合乐地走路动作。
   （2）幼儿在教师的指导下完成互相挠痒痒的动作。
   （3）幼儿通过观察模仿，学习怎样合理地变沙发、摇沙发。
   ① 教师提问：
   ● 如果要变沙发，准备变一个什么样子的，在什么时候变好？
   ● 如果要把沙发摇起来的话，应该怎么坐才能把沙发摇起来？
   ② 找朋友尝试变沙发与摇沙发。
   ● 先单独联系变沙发的部分，强调要保护好自己的沙发。
   ● 要在自己的座位前先找朋友。
4. 自由找朋友，创造性地表现整个故事。
   （1）幼儿双双合作，完成整个故事表演。
   （2）讨论与评价表演情况。
   （3）根据改进建议，重新合作表演。

活动十四 金蛇狂舞

音乐材料设计

【乐谱】

金蛇狂舞

聂耳曲

1=G 2/4 3/4

A段：

(6̣1 5̣6 | 1 5̣6 4̣3 2 | 2̣5 5̣2 | 4̣3 2̣1̣2 | 4̣4 6̣1 |

2̣4 2̣1̣6̣1̣ | 5 6̣6̣ | 5 0) | 5̣5 4̣4 | 5̣5 2 | 2̣5 4̣4 |

6̣1 2 | 4̣2 2̣4 | 5 5̣6̣ | 1̇ | 6̣1 | 1̇ 6̣5̣ | 3/4 5̣6̣ 5̣4̣ 2 |

2/4 2̣5 5̣2 | 4̣3 2̣1̣2 | 4̣4 6̣1 | 2̣4 2̣1̣6̣1̣ | 5 6̣6̣ | 5 0̣5̣ | 0̣5̣ 5̣0̣ ‖

B段：

5.̇ 6̣5̣6̣ | 5̣4̣ 5 | 1.̇ 2̇1̇2̇ | 5̣6̣ 1 | 5.̇ 6̣5̣6̣ | 1̣6̇ 5̇ |

1.̇ 2̇1̇2̇ | 5̣6̣ 1 | 3/4 5̣6̣ 5̣4̣ 5 | 1̣2̣ 5̣6̣ 1 | 2/4 5̣6̣ 5 | 1̣2̣ 1 |

5̣6̣ 5 | 1̣2̣ 1 | 5 1 | 5 1 | 5̣5̣ 1̣5̣ | 1̣5̣ 1̣5̣ |

1 1 | 1 1 | 1.̇ 1̇1̇1̇ | 0̣1̣ 1̣ | 0̣1̣ 1̣ | 1 - ‖

A'段：

6̣1 5̣6̣ | 1 5̣6 4̣3 2 | 2̣5 5̣2 | 4̣3 2̣1̣2 | 4̣4 6̣1 |

2̣4 2̣1̣6̣1̣ | 5 6̣6̣ | 5 0 | 5̣5 4̣4 | 5̣5 2 | 2̣5 4̣4 |

6̣1 2 | 4̣2 2̣4 | 5 5̣6̣ | 1̇ | 6̣1 | 1̇ 6̣5̣ | 3/4 5̣6̣ 5̣4̣ 2 |

2/4 2̣5 5̣2 | 4̣3 2̣1̣2 | 4̣4 6̣1 | 2̣4 2̣1̣6̣1̣ | 5 6 6 |

5 - | 5 - | 5 - | 5 - | 6̣ 6̣ | 5 0 ‖

【作品与句段结构分析】

《金蛇狂舞》是一个 A、B、A' 三段结构的中国乐曲，由于 A 与 A' 段的乐句结构不规整，对幼儿而言构成了难度，所以这两段乐曲由教师表演，不需要幼儿表演，幼儿只是表演 B 段。

大写字母表示段落，小写字母表示句子，数字表示小节数。

```
           A                    B                      A'
引子    a      b        a   a'   b   c   e      过渡    a      b
(9)    (9)    (7)      (4) (4) (2) (6) (8)     (9)    (9)   (10)
```

【音乐内容情境】

幼儿分为两组，参加端午节的赛龙舟活动。两组幼儿分别为火龙与水龙两个龙舟队的啦啦队，两个啦啦队都有自己的口号，具体如下：

水龙水龙快快划，	火龙火龙快快划，
水龙水龙快快划，	火龙火龙快快划，
水龙快快划，	火龙快快划，
快快划，	快快划，
快快划，	快快划，
划，	划，
划。	划。

与口号相对应的图谱（B段音乐）如下：

【声势动作设计】

A 段（教师表演）：

A段引子：

1—8小节：两手臂交差放在胸前，身体左右一拍一次摇摆，表示引子等待。

第9小节：双手摊开放在胯前，为下面的拍手做准备。

A段a：

1—6小节：一拍一次拍手。

7—8小节：只在第一拍拍手，其余三拍突然收手握拳高举。

第9小节：逐渐把高举的双拳放至胸前，准备下面的拍手。（注意：本小节为三拍）

A段b：

1—4小节：一拍一次拍手。

5—6小节：同A段a，7—8小节。

第7小节：逐渐把高兴的双拳放至胸前，准备下面的拍手。（注意：本小节为两拍）

B段（幼儿表演）：

B段a：

1—2小节：一拍一次拍手。

3—4小节：双手握拳，一拍一次拍腿。

B段a'：同B段a。

B段b：

第1小节：一拍一次拍手。（注意本小节三拍）

第2小节：双手握拳，一拍一次拍腿。（注意本小节三拍）

B段c：

第1小节：拍手。

第2小节：拍腿。

3—4小节：同第1、2小节。

第5小节：第一拍拍手，第二拍拍腿。

第6小节：同第5小节。

B段e：

1—4小节：双手握拳放至腰间。

5—8小节：第5小节第一拍，右手伸出食指与无名指突然高举手臂，嘴里同时喊"耶！"的声音，表示胜利的欢呼，其余拍维持此动作不动。

A'段：同 A 段动作。

 活动目标

1. 能够在乐曲 B 段分组合作声势，进行赛龙舟的比赛，感受与表现乐曲对答呼应的曲式风格。

2. 体验赛龙舟比赛时乐曲欢快、热闹的情绪。

 活动准备

1. 有关赛龙舟的视频与图片。

2. 图谱一张。

3. 音乐 CD。

 活动过程

1. 播放端午节赛龙舟的视频资料。

● 与幼儿讨论端午节与赛龙舟的习俗。

2. 学习啦啦队的口号。

（1）出示图谱。

（2）根据图谱，学习啦啦队口号。

● 教师：今天我们也要进行赛龙舟的比赛，我们要将小朋友们分为两个队，左边的是水龙队，右边的是火龙队。我们在划龙舟时不仅要用力地划，还要为自己加油喊口号：

    水龙水龙划得快，火龙火龙划得快，
    水龙水龙划得快，火龙火龙划得快，
    水龙划得快，火龙划得快，
    划得快，划得快，
    划得快，划得快，
    快，快，
    快，快。

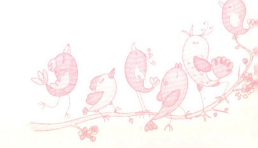

在最后到达终点的时候手做动作并同时喊出"耶!"。水龙拍手,火龙拍腿,不跟音乐分组边喊口号边做动作。

(3)引导幼儿按照图谱的暗示发现其中的几个规律:第一,递减的规律。第二,节奏的规律。有几只船桨表示要敲击几下。第三,轮流的规律。水龙先,火龙后,依次轮流举行。第四,重复的规律。火龙全部重复水龙的节奏。

(4)请水龙与火龙啦啦队按照规定进行啦啦队助威活动。

3.声势动作表演。

(1)在教师的指导下,幼儿在赛龙舟啦啦队的情境中合第二段音乐做有声势的动作。

(2)教师表演第一段与第三段动作,幼儿表演第二段有声势的动作,师生合作用有声势的动作表演整首曲子。

活动十五 真假美猴王

（杭州市胜利幼儿园 颜瑶卿 设计并执教）

 音乐材料设计

【乐 谱】

真假美猴王

根据《金箍棒》改编
颜 瑶 卿 改编

$1=G$ $\frac{4}{4}$

♩=126 戏曲风格

（2 — — — ｜2 — — ⁵2｜2 — — — ｜⁵2. 2 2 1｜
　　　　　　　　　　　俺　　　　　　老

6 1 2 7 1｜2 4 3 2 5 2 ⁵2｜2 — — —｜⁵2. ⁵3 2 1｜
孙，　　　　　　　　　　俺　　　　　　老

6 1 2 — ｜2 — 0 0｜2 — — — ｜2. 3 2 1｜
孙　　　　住　　　　　　　　花

6 1 2 3 1｜2 — — — ｜2. 3 2 — ｜2 2.3 5 3 2 —｜
果　　山，　　　哎　哟，

2. 5 3 2｜6. 5 6 1｜2 — — — ｜2 — — ⁵2｜
寻　得　宝　贝　如

⁵2 — — — ｜2 0 0 0｜²⁄₄ 2 2｜5 5 5 5 5 5｜
意。　　　　　　　金　箍　棒吧嘎棒吧嘎

5 5 5 5 5 5｜5 5 5 5 5 5｜5 6 5 5 5 6 1 2｜4 5｜
棒吧咯 咯吧 棒吧嘎棒吧嘎 吧嘎依咯吧依吙依 吼 嘿，

2 2｜5 5 5 5 5 5｜5 5 5 5 5 5｜5 5 5 5 5 5｜
金 箍 棒吧嘎棒吧嘎 棒吧咯 咯吧 棒吧嘎棒吧嘎

171

音乐欣赏教育活动

```
5̣ 6 5 5 | 5̣ 6 1 2 | 4    5  | 2    2  | 5̣ 5 5 5 | 5̣ 5 5 5 |
吧 嘎 依 咯  吧 依 哟 依  吼   嘿,  金   箍   棒 吧 嘎 嘀  棒 吧 嘎 嘀

5̣ 5 6 1 | 5̣ 5 6 1 | 5̣ 1 2 5 | 5̣ 1 2 5 | 5̣ 1 2 5 | 5̣ 1 2 5 |
棒 吧 嘎 嘀  棒 吧 嘎 嘀  棒 吧 嘎 嘀  棒 吧 嘎 嘀  棒 吧 嘎 嘀  棒 吧 嘎 嘀

2 2 2 2 | 2 2 2 2 | 2 2 2 2 | 2 2 2 2 | 2 2 2 2  2 | #6̇ 5 - - |
棒 吧 咯 嘀  棒 吧 嘎 嘀  棒 吧 嘎 嘀  棒 吧 嘎 嘀  棒 棒 棒 棒 棒。  变

#6̇ 5 - - - 1̇ 5 - - - - - | 2/4 5 5 5 5 5 5 | 5 5 5 5 5 5 |
变          变,              吧 咯 嘀 吧 咯 嘀  吧 咯 嘀 吧 咯 嘀

5 5 5 5 5 5 | 5 5 5 5 5 5 | 5    5  | 1    -  ‖
吧 咯 嘀 吧 咯 嘀  吧 咯 嘀 吧 咯 嘀  金    箍    棒。
```

【动作建议】

2—4小节：双手握成大拇指状做神气摆动的动作。

第5小节：做眺望状的造型。

6—8小节：同2—4小节。

第9小节：同第5小节。

第10小节：左右挥棒，做打的动作。

11—12小节：双手向外划一个圈。

13—16小节：双手高举做尖尖山顶状的动作。

17—18小节：双手从上向外划圈。

19—20小节：双手做神气地拿武器状的动作。

21—22小节：有力的抖动双手。

第23小节：双手握拳做打斗状准备动作。

24—26小节：做打斗动作。

27—28小节：边打斗嘴里边喊："加油，吼嘿！"

第29小节：双手握拳做躲闪状准备动作。

30—32小节：做躲闪动作。

33—34小节：边躲闪嘴里边喊："加油，吼嘿！"

第35小节：两人双手对拍准备动作。

36—38小节：两人双手对拍。

39—42小节：两人边拍手边说："我是真的美猴王。"

第43小节：自由创编美猴王变出不同造型的动作。

44—45小节：原地跑，假装追赶的动作。

46—47小节：真猴王高高举起金箍棒把假猴王打晕在地。

【游戏玩法】

先商议好谁是"真猴王"，谁是"假猴王"，真假猴王打斗、变造型，在"金箍棒"音乐结束后，真猴王高举金箍棒打假猴王，假猴王快速倒地做装死的动作造型。

活动目标

1. 感受乐段的起止，合拍地做动作表现乐曲的结构。

2. 在"打斗"的互动情境中，尝试通过两两合作一对一"挥棒击打"、"快速躲闪"、"对打"动作，创造性地表现 B 段乐曲的三段乐句。

3. 假猴王迅速倒地造型坚持不动，真猴王检查时要用对方舒服的力度。

活动准备

1. 物质准备：剪辑好的《金箍棒》的音乐。

2. 经验准备：了解真假美猴王的故事。

活动过程

1. 根据故事，尝试创编简单的动作。

（1）美猴王家住哪里？花果山可以用什么动作表示？

（2）美猴王得到的如意宝贝是什么？金箍棒怎么拿？

（3）美猴王有哪些本领？如果你是美猴王你想变什么？

2. 完整跟着教师边做动作边感知音乐。

3. 进一步感知B段音乐，尝试用打斗、躲闪、对打动作来表现B段乐曲。

（1）教师哼唱，尝试用打斗、躲闪、对打动作表现B段乐曲。

（2）教师和幼儿随B段慢速音乐尝试表现打斗、躲闪、对打动作。

（3）教师和幼儿随B段原速音乐尝试表现打斗、躲闪、对打动作。

4. 教师和全体幼儿共同扮演真猴王完整表现音乐一遍。

5. 教师扮演假猴王，全体幼儿扮演真猴王，通过互动完整地表现音乐一遍。

6. 教师扮演真猴王，全体幼儿扮演假猴王，通过互动完整地表现音乐一遍。

7. 教师与一位幼儿商量好选择的角色，两两互动完整地表现音乐一遍。

8. 幼儿和幼儿两两商量好选择的角色，坐在位置上两两合作完整地表现音乐一遍。

9. 幼儿交换角色，站在位置边上两两合作完整地表现音乐一遍。

10. 幼儿尝试表现最后假猴王晕倒的样子。

（1）一位幼儿尝试表现假猴王晕倒的样子。

（2）集体尝试表现假猴王晕倒的样子。

11. 幼儿和幼儿再次商量好选择的角色，找到空位置两两合作完整地表现音乐一遍，假猴王在"金箍棒"音乐后晕倒在地。

12. 幼儿邀请老师，并商量好选择的角色，在空位置上两两合作完整地表现音乐一遍，假猴王在"金箍棒"音乐后晕倒在地。

附 录

CD 目 录

1. 寻宝藏　　　　　　　2'49"
2. 打蚊子　　　　　　　1'13"
3. 孙悟空救人　　　　　1'13"
4. 旋转木马　　　　　　1'31"
5. 毛毛虫与蝴蝶　　　　1'24"
6. 小老鼠与老猫　　　　1'40"
7. 狗熊与面包　　　　　0'42"
8. 鸡与狐狸　　　　　　1'21"
9. 小兔和狐狸　　　　　0'47"
10. 吹泡泡　　　　　　　0'44"
11. 水族馆　　　　　　　2'19"
12. 小精灵的魔法汤　　　1'30"
13. 魔术师圆舞曲　　　　1'33"
14. 农夫与禾苗　　　　　2'40"
15. 小兔子与大灰狼　　　1'09"
16. 钟表魔法城　　　　　1'07"
17. 赶花会　　　　　　　1'36"
18. 打地鼠　　　　　　　2'07"
19. 小象与蚊子　　　　　1'21"
20. 打扫扭扭扭　　　　　0'48"
21. 三只小猪　　　　　　2'38"
22. 巡逻兵　　　　　　　1'22"
23. 和尚与老鼠　　　　　1'05"
24. 吃苦头的狐狸　　　　2'38"
25. 鞋子的舞蹈　　　　　2'01"

26. 打字机　　　　　　　0'31"
27. 按摩师　　　　　　　1'57"
28. 魔仙的指法　　　　　1'25"
29. 狐狸与小鸡　　　　　1'39"
30. 敲敲乐　　　　　　　1'20"
31. 未出壳小鸡的舞蹈　　1'16"
32. 狮王进行曲　　　　　2'13"
33. 鹬蚌相争　　　　　　1'34"
34. 赛　马　　　　　　　1'37"
35. 小猴坐沙发　　　　　2'29"
36. 金蛇狂舞　　　　　　1'13"
37. 真假美猴王　　　　　1'22"